基于BIM技术的大型转体桥梁施工精细化动态控制应用与实践

——以昆楚高速公路大德大桥为例

主编 ◎ 郭 凯 李勇兵

西南交通大学出版社

·成 都·

图书在版编目（CIP）数据

基于BIM技术的大型转体桥梁施工精细化动态控制应用与实践 ：以昆楚高速公路大德大桥为例 / 郭凯，李勇兵主编. —成都：西南交通大学出版社，2021.3
ISBN 978-7-5643-7733-5

Ⅰ. ①基… Ⅱ. ①郭… ②李… Ⅲ. ①高速公路 – 公路桥 – 桥梁施工 – 转体施工 – 应用软件 Ⅳ. ①U448.14-39②U445.465-39

中国版本图书馆CIP数据核字（2020）第196173号

Jiyu BIM Jishu de Daxing Zhuanti Qiaoliang
Shigong Jingxihua Dongtai Kongzhi Yingyong yu Shijian
—Yi Kun-Chu Gaosu Gonglu Dade Daqiao Wei Li

基于BIM技术的大型转体桥梁
施工精细化动态控制应用与实践
——以昆楚高速公路大德大桥为例

主编　郭　凯　李勇兵

责任编辑	李彤梅
封面设计	何东琳设计工作室
出版发行	西南交通大学出版社 （四川省成都市金牛区二环路北一段111号 西南交通大学创新大厦21楼）
发行部电话	028-87600564　028-87600533
邮政编码	610031
网　　址	http://www.xnjdcbs.com
印　　刷	成都市金雅迪彩色印刷有限公司
成品尺寸	170 mm × 230 mm
印　　张	9.75
字　　数	140千
版　　次	2021年3月第1版
印　　次	2021年3月第1次
书　　号	ISBN 978-7-5643-7733-5
定　　价	128.00元

<<< 编 委 会 >>>

序

PREFACE

本项目位于国家高速路网昆明至楚雄高速公路岷山—广通段，连接安楚高速，途经禄丰县直至昆明；昆楚高速（勤丰至和平试验段）主起点 K60+622，位于禄丰县大德村，路线由东向西布线，主线终点 K61+395（至和平镇），路线全长 733 m。其中大德大桥跨越成昆铁路（大德站与勤丰营站间），跨越铁路立交桥为本线重点工程。

目前许多公路桥梁项目现场管理粗放化严重，缺乏精细化管理思想，管理手段比较落后。公路桥梁项目施工比较复杂，涉及的参与方较多，工程质量控制难度大，施工进度控制难度大，投资控制难度大，安全控制难度大，现场的环境保护任务艰巨，管理信息量巨大。传统施工管理模式虽然也可以保证工程完工，但是由于管理手段落后，管理效率低下，造成了大量人力、物力以及资源的浪费，在实践中经常出现工期延误、变更索赔资料不齐全、结算款项超支、质量监控缺乏先进手段、施工安全管理缺乏先进技术等问题。因此，目前亟须寻找一种新的管理模式来解决项目管理粗放化严重的问题。

本课题的提出符合国家“一带一路”倡议中云南省的发展定位，是云南省高速路网建设项目中具有独特性的项目研究课题，符合政策及发展背景。课题的研究有利于结合包括BIM在内的众多新技术，在传统项目管理模式的基础上大胆创新，将多参与方的利益统一起来，探索BIM精细化管理模式，为多学科交叉融合激发新的创新点以及为将来以业主为导向的BIM平台建设研究奠定坚实的基础。

作 者

2021年1月

目录

CONTENTS

第1章 绪 论

1.1 研究的背景

1.1.1 云南省在国家"一带一路"倡议中的优势

国家主席习近平于2013年9月和10月先后提出建设"丝绸之路经济带"和"21世纪海上丝绸之路"的合作倡议。这是新形势下我国对外开放的重要倡议。"一带一路"倡议符合我国全面对外开放以及西部大开发的需要，同时也是我国与周边各国延续几千年来的友好往来和互利合作的重要宣示。2015年3月28日，国家发展改革委、外交部和商务部联合发布《推动共建丝绸之路经济带和21世纪海上丝绸之路的愿景与行动》，指出应当"发挥云南区位优势，推进与周边国家的国际运输通道建设，打造大湄公河次区域经济合作新高地，建设成为面向南亚、东南亚的辐射中心"。

云南虽然地处边陲，但是与我国其他地区相比，云南在"一带一路"倡议中却拥有独特的优势：

1.1.1.1 历史优势

古丝绸之路起于古代中国，是连接亚非欧的主要商业贸易路线，因为运输方式的不同分为陆上丝绸之路、海上丝绸之路。其中，陆上丝绸之路因地理位置的差异，又分为"北方丝绸之路"与"南方丝绸之路"。"南方丝绸之路"是古代中国西南地区通往古印度的主要通道，早在春秋时期，楚国就开始与古印度进行丝绸和琉璃等商品的贸易，两国商旅的必经之地就是云南。"南方丝绸之路"是古代中国最早通往域外的交通路线。

1.1.1.2 区位优势

打造国际贸易投资合作开放新平台、建设连接南北大通道是“一带一路”倡议的主要着力点。云南是亚洲的地理中心，是中国对西南开放的前沿和窗口。从南北方向看，云南贯通了中国和南亚、东南亚泛亚铁路等国际通道，可以沟通太平洋与印度洋；从东西方向看，云南联系了亚非欧三大洲。云南还是中国西南众多省份中唯一一个可以从陆上同时沟通东南亚和南亚的省份。云南“东连黔桂通沿海，北经川渝进中原，南下越老达泰柬，西接缅甸连印巴”的独特区位优势凸显了云南在“一带一路”倡议建设中不可或缺的地位，在整个国家全方位对外开放战略中是一个重要的节点。

1.1.1.3 经贸优势

“一带一路”倡议的核心思想是实施全方位对外开放，而云南省与缅甸、老挝、越南三国接壤，是我国与东盟各国接壤最多的省份，云南省与东南亚、南亚各国的经贸往来也在逐年增长。在推进实施“一带一路”倡议上，云南具有得天独厚的优势。

1.1.2 云南省在“一带一路”倡议中的定位

1.1.2.1 借力区位优势形成交通大枢纽

云南地处面“三亚”（西亚、南亚、东南亚）和肩“两洋”（印度洋、太平洋）的独特地理位置，无论是从历史根源追溯，还是从现实因素考虑，云南都是目前我国唯一一个可以将“丝绸之路经济带”和“海上丝绸之路”连接起来的省份。因此，云南在“一带一路”倡议中的定位应该是交通大枢纽，应加速连接口岸的交通大通道建设，南北对接“一带”和“一路”，东西贯通南亚、东南亚，成为亚洲地区新高地。

1.1.2.2 打造西部地区经济产业群

我国西南地区相对于东部沿海地区以及中部地区而言，经济发展比较落后，区域经济水平较低，云南省也不例外，甚至与重庆市、四川省相比，仍然属于落后地区。2012 年国家发展改革委出台的《西部大开发“十二五”规划》，特别强调指出我国将全面推进西部地区大开放，加强综合交通运输通道建设，打造昆明等周边城市的内陆开放型经济战略高地。

其一，西南地区生态保护完好，植物资源十分丰富，拥有众多民族文化旅游景点。云南可以把旅游与生态文化相结合，联合周围省区，以昆明为交通大通道的中心，把生态文化旅游推向全国，推向亚洲，推向世界。

其二，云南拥有发展西南地区高原生态农业得天独厚的条件，工业污染少、水质清洁、光热充足、空气优良等，在云烟、云茶、咖啡、云花、云药等原有的优秀云南品牌的基础上，继续发展健康新品牌，打造“健康云南、绿色云南”理念，为云南的生态农业发展开拓广阔的空间。

其三，云南矿产资源丰富。其中：铅、锌、铟、铊、镉的可供开采储量位居全国第一；而银、锗、铂族的可供开采储量居全国第二位，完全可以充当“一带一路”倡议中的能源补给站。云南应该以可持续发展为原则，科学合理开采有色金属，处理好开采矿产资源与环境保护之间的关系，让云南的有色金属资源在“一带一路”倡议中发挥出最大的作用。

1.1.2.3 推进与周边国家的经济合作

现今云南已经形成多个合作机制，孟中印缅经济走廊中成员国之间的经贸合作不断加深。近年来，云南同南亚国家的贸易额每年增长持续在 30%左右。云南省内还有不少企业，纷纷与孟印缅等国开展了贸易合作，更有中国参与的以云南省为依托的大湄公河次区域（GMS）经济合作组织进行得如火如荼。

1.1.3 云南省“五纵五横一边两环二十联”高速公路网

为贯彻十八届五中全会提出的创新、协调、绿色、开放、共享五大发展理念，和云南省委、省政府提出的“做强滇中、搞活沿边、联动廊带、多点支撑、双向开放”的发展思路，加快构建“一核一圈两廊三带六群”的全省经济社会发展空间格局，按照“节约集约利用土地，减少环境干扰，与城镇布局、产业布局和资源开发相协调”的原则，合理确定路线走向、起止点、主要控制点、特大桥梁隧道工程、城市过境方案等，并初步确定建设标准和建设规模，加强高速公路网规划与云南省城镇体系、资源开发、土地利用、生态环境保护等相关总体规划的有效衔接，有效利用通道走廊资源，加快项目建设步伐，云南省交通运输厅及时组织对《云南省道网规划（2014—2030 年）》中的高速公路网布局方案进行了调整，组织开展《云南省高速公路网中长期布局（2016—2030 年）线位控制性规划》的编制，提出了“五纵五横一边两环二十联”高速公路网布局方案。云南省中长期高速公路网规划布局情况详见图 1.1。

“五纵五横一边两环二十联”高速公路网布局方案规划总里程为 14 500 km，目前，已建成高速公路 4 005 km。“十三五”期间，云南省计划实施高速公路项目 74 项，实施里程为 6 690 km。其中：目前在建项目共计 35 项，总里程为 3 248 km；新开工项目共计 39 项，总里程为 3 442 km。预计到“十三五”期末，在全省规划的高速公路网布局方案中，剩余路段约为 3 800 km。“五纵五横一边两环二十联”高速公路网布局方案详见表 1.1 ~ 表 1.4。

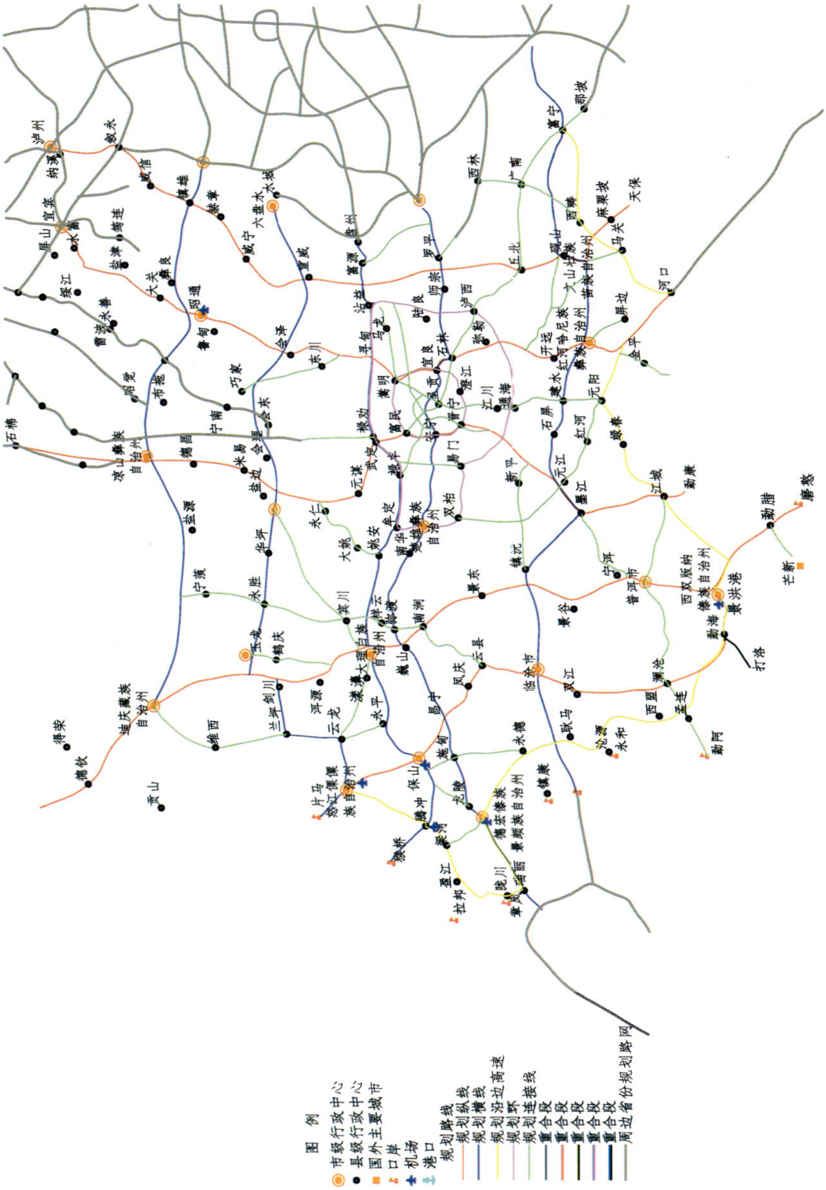

图 1.1 云南省中长期高速公路网规划布局示意

表 1.1　云南省国家高速路网建设项目

项目名称	建设规模/km	建设年限	建设性质	建设地点	总投资/万元
都香高速公路（昭通至金阳段）	90	2016—2019	新建	昭通市	1 700 000
保山至云县高速公路	80	2020—2024	新建	保山市	1 220 000
楚雄至大理高速公路扩容改造	116	2017—2020	新建	楚雄州、大理州	1 430 000
泸沽湖至香格里拉高速公路	85	2020—2024	新建	丽江市、迪庆州	1 470 000
合计	371				5 820 000

表 1.2　云南省地方高速路网建设项目

项目名称	建设规模/km	建设年限	建设性质	建设地点	总投资/万元
串丝至新市高速公路	56	2016—2020	新建	昭通市	1 000 000
保山市东绕城高速公路	48	2016—2020	新建	保山市	630 000
宣威至威宁高速公路	40	2017—2020	新建	曲靖市	600 000
攀枝花至大理高速公路	76	2017—2020	新建	大理州	1 100 000
临沧至清水河高速公路	160	2017—2020	新建	临沧市	2 400 000
珠街至广南高速公路	45	2019—2022	新建	文山州	700 000
格勒至巧家高速公路	59	2018—2021	新建	昭通市	1 000 000
思茅至澜沧高速公路	139	2019—2022	新建	普洱市	2 000 000
东川至格勒高速公路	43	2020—2023	新建	昆明市	600 000

续表

项目名称	建设规模/km	建设年限	建设性质	建设地点	总投资/万元
腾冲至陇川高速公路	152	2020—2024	新建	保山市、德宏州	2 450 000
墨江至江城（勐康）高速公路	161	2020—2024	新建	普洱市	2 500 000
合计	979				1 498 000

表 1.3 滇中城市经济圈环线高速公路

项目名称	项目建设内容及规模	建设年限	建设性质	建设地点	总投资/万元
峨山至楚雄高速公路	双向四车道，高速公路 168 km	2017—2020	新建	玉溪市、楚雄州	2 100 000
召夸至泸西高速公路	双向四车道，高速公路 37 km	2017—2020	新建	曲靖市	400 000
寻甸至沾益高速公路	双向四车道，高速公路 45km	2017—2020	新建	昆明市	600 000
合计	250				3 100 000

表 1.4 放射线

项目名称	建设规模/km	建设年限	建设性质	建设地点	总投资/万元
新平大开门至嘎洒高速公路	38 km	2017—2020	新建	玉溪市	500 000
石林至泸西高速公路	50 km	2018—2021	新建	红河州	620 000
楚雄至牟定至大姚高速公路	78 km	2017—2020	新建	楚雄州	950 000
联络线（3 项）					2 950 000
合计	166				2 070 000

2018 年 2 月 6 日，全省交通运输工作会在昆明召开。2018 年，云南省要确保完成交通固定资产投资 1 600 亿元，力争完成 1 800 亿元。5 年来，交通投资实现重大突破，全省公路水路

投资完成 5 233 亿元，交通建设取得重大成就，全省公路总里程达到 24.3 万千米。其中：高速公路 5 年新增里程 2 079 km，达到 5 022 km；一、二级公路 5 年新增里程 2 022 km，达到 1.33 万千米；100%建制村通硬化路；航道里程 5 年新增 919 km，达到 4 294 km。

2018 年，云南交通基础设施计划完成投资 3 440 亿元，将大力推进基础设施网络建设，加快构建互联互通、功能完善、高效安全、保障有力的基础设施网络。

1.2 项目主要参与方

1.2.1 业主单位

云南省交通发展投资有限责任公司为 2016 年 3 月 9 日经云南省人民政府批准的国有独资公司，于 2016 年 3 月 31 日注册、4 月 21 日正式挂牌，注册资本金 50 亿元。公司下设资本、基金、资管、项目管理、物资、工程、咨询、投资开发经营、物业管理等多个子公司及 10 条高速公路项目公司，共有在职员工 400 余人。

省政府赋予公司主要职责为：一是负责全省非收费公路的投融资；二是负责云南省交通产业基金的设立、募集、投放及投后管理工作；三是负责国家高速公路政府和社会资本合作 PPP 项目识别、准备、采购、执行、监管等工作；四是负责国家开发银行专项基金的承接及投放等工作；五是通过市场化运作的方式，参与交通基础设施的投资、建设、管养、营运等，依法合规确定其他经营范围，并以市场化运作的方式，盘活存量、做大增量、持续发展，确保国有资产保值增值。

1.2.2 建设单位

云南昆楚高速公路投资开发有限公司经云南省交通运输厅和云南省交通发展投资有限公司批准，于 2016 年 8 月 3 日在云南省工商行政管理局注册成立，注册地为昆明市，履行项目业主职责，负责项目前期工作推进、PPP 项目落地和勘察试验段的建设管理工作。公司内设综合办公室、财务处、征迁协调处、合同管理处、总监理工程师办公室、安全管理处、工程技术处共 7 个处室，共有员工 37 人。

1.2.3 重要参与单位

1.2.3.1 总承包单位

云南交投集团公路建设有限公司是云南大型国有企业——云南省交通投资建设集团有限公司控股子公司，主要从事公路工程设计及施工，市政公用工程施工，高速公路养护、设计及施工。公司具有公路工程施工总承包特级、桥梁工程专业承包一级、公路路面工程专业承包一级、路基工程专业承包一级、公路工程设计甲级、云南省环境保护行业污染治理乙级、对外援助成套项目总承包企业资格等资质。

公司注册资本金 50 亿元，机关设 9 部 1 室，下属 10 家子公司、50 多个工程项目部，现有员工 1 700 余名，各专业人才门类齐全，具有较高的设计、施工组织水平和服务管理能力，在公路桥梁、隧道、路面施工中培养了较强的能力和积累丰富的经验，是云南省公路建设的主力军、养护龙头企业、国家高新技术企业、云南省交通系统重点科技攻关骨干企业、云南省百强企业。

公司积极承揽省内外公路、桥梁、隧道、路基、路面工程的施工任务，先后参与楚南、楚广、大丽、小龙、上鹤、小磨、武易、玉临等多条高速公路建设。近年来，公司积极参与澄川、腊满、景海、思澜、腾陇、腾猴、景文、永宁等多条 PPP 模式的高速公路建设。公司参建项目先后荣获国家优质工程金奖、第十五届中国土木工程詹天佑奖、全国公路水运平安工程、全国水土保持生态文明工程、交通运输部公路交通优质工程奖等，充分彰显了公司对公路建设主业的专精特强，得到了行业主管单位和社会各界的广泛认可。

1.2.3.2 监理单位

云南公路建设监理公司创建于 1992 年，是中华人民共和国交通部批准的具有公路工程监理咨询服务“甲级监理资质证书”的监理单位，是云南省从事公路工程监理咨询服务的专业公司，是云南省公路规划勘察设计院为适应市场的需要而成立的法人实体。

公司的经营范围是：在全国范围内承担高速公路和各等级公路工程、特大桥梁、隧道和交通工程设施、城市地方道路的工程施工监理咨询服务。公司在昆明设有中心试验室，同时配设工地试验室，拥有材料力学试验、土工试验、路基路面检测等各种仪器设备，如测设用的全站仪、自动安平水准仪、GPS 定位仪、核子密度仪等生产办公设备。

公司现有员工 168 人，其中具有高级职称的 32 人，中级职称的 72 人，初级职称的 64 人。公司不断加强监理队伍建设，提高专业监理人员业务素质和工作质量，每年均派出一定数量的人员外出参观考察、学习培训，吸取国内、国外监理单位先进的监理工作经验，提高公司监理人员的业务水平。公司员工持交通部监理工程师资格证书的有 35 人，持云南省交通厅专业监理工程师资格证书的有59人。公司监理人员均来自公路工程勘察设计、市政工程设计、建筑设计、工程地质勘察及工程施工等相关专业，具有较强的实践经验，对高原山区公路、隧道、特殊地质地段施工中遇到的问题，能够提供及时、有效的监理咨询服务。

公司本着“以质求信、以速求胜、以技创新、以实为本”的发展精神，面向全国开展公路工程监理及相关技术咨询服务。

1.2.3.3 设计单位

云南省交通规划设计研究院有限公司，前身为云南省交通规划设计研究院，成立于1956年1月，是云南省交通投资建设集团有限公司的二级公司，于2018年6月改制为有限公司。

公司本着“立足云南、面向全国、走向世界”经营方针，以公路、市政、建筑、水运、科研、咨询为支撑，积极拓展上下游产业链，基本形成了集综合规划咨询、前期研究、投融资、勘察设计、科研创新、试验检测、项目管理、工程总承包、施工监理为一体的业务布局，具有完成投资额在800亿元以上的交通基础建设项目设计能力，业务遍及全国十多个省份和南亚、东南亚、非洲多个国家。

目前，公司拥有工程勘察综合类、工程测绘、公路行业设计、市政设计、建筑设计、工程咨询、工程监理、公路水运工程试验检测等8项甲级资质，市政给排水设计、风景园林设计、地图编制、水土保持、环保污染治理、环境污染修复、水污染防治、工程设计化工石化医药行业（石化产品储运）专业、工程设计（港口、航道）、水运工程咨询、海洋测绘等11项乙级资质；具有特种工程专业承包、对外承包工程、土工试验A类能力认证、工程勘察劳务类（钻探、凿井）资质、资质认定CMA计量认定证书、市政施工图审查一类资质等资格；通过了国家质量、环境、职业健康安全管理三体系认证。

公司是全国五一劳动奖状获得单位、全国勘察设计诚信单位、全国优秀勘察设计院、全国交通运输文化建设卓越单位、交通运输部先进集体、云南省突出贡献企业、云南省高新技术企业、省级文明单位等。60 余年来，公司共获得国家、省（部）级科技进步奖 90 余项，获各项专利、软件著作权 70 余项，获国家、省部级优秀勘察、优秀设计奖、优质工程奖 180 余项。

绘天下，通途有我！公司全体员工将不辱使命，继续以坚定实干的精神、改革创新的思维、勤奋执着的工作和热情优质的服务，为实现“百年老店”的企业梦乘风破浪，阔步前行！

1.2.3.4 第三方监控单位

北京交大建筑勘察设计院有限公司（原北方交通大学勘察设计研究院），由北京交通大学（原北方交通大学）组建，根据学校设计单位要服务于社会、服务于学校的指导思想，于 1958 年成立了系属北京铁道学院勘测设计公司，1980 年 2 月 7 日改名为北方交通大学建筑设计所，1993 年春改名为北方交通大学勘察设计研究院。企业性质为国有独资；企业人员为北京交通大学全民所有制编制 93 人，其中国家一级注册建筑工程师 7 人，国家一级注册结构工程师 8 人，另有国家一级岩土工程师、电气工程师、设备工程师及造价工程师多名。

设计院经营资质范围为建筑设计甲级、铁路设计综合乙级、工程勘察乙级，下设工业与民用建筑设计一、二、三室，铁路设计室，岩土工程室，工程测量室等。企业依托北京交通大学相关专业专家教授，技术力量储备丰富，可解决工程中的疑难问题，开发和引进先进技术用于具体工程。北方交通大学勘察设计研究院具有得天独厚的优势，先后主持和参与国内重大工程项目和规范、标准图的编制。

交大设计院背靠土木建筑工程学院和建筑艺术学院，已经融入北京交通大学的文化氛围中。交大设计既有建筑的艺术渲染，又有结构的矜持稳重。交大设计始终坚持开放的态度，推崇集体参与的模式，为设计师提供极具成长优势的发展平台；以妥帖的设计手法进行控制，引入更高的职业标准，用国际化的形式和材料语言传递现代生活雅致与格调的追求；以虔诚的姿态跟踪建筑营造，使设计作品体现更精致、成熟和多样化的特质。

1.2.4　涉及铁路专业单位

1.2.4.1　涉及铁路专业的施工单位

中铁八局集团第六工程有限公司系国资委中国中铁股份有限公司旗下中铁八局集团有限公司成员企业，成立于 1994 年 12 月 19 日，位于云南省昆明市，是集铁道、公路、市政工程施工，房屋建筑设计，房屋建筑物大修维修，建筑装饰装修，园林绿化建设，物业管理服务，酒店经营管理，设备租赁为一体的综合型国有控股施工企业。

公司具有房屋建筑工程施工总承包一级、市政公用工程施工总承包一级、钢结构工程专业承包一级等各类专业施工总承包、劳务分包、专业承包资质共计 12 项。公司现有各类员工 697 人，其中专业技术及管理人员 485 人，高级技师、技师 88 人；拥有国家一级注册建造师、注册结构工程师、造价工程师、注册安全工程师等各类社会执业资格人员共计 89 人。公司下设有三个维修项目部、15 个工程项目部及设计公司、房建宾馆等 21 个多元单位。公司多次被评为中国中铁八局集团“文明单位”“四好班子”“劳动竞赛先进单位”。公司所属各单位也多次荣获全国“模范职工小家”，四川省、云南省“工人先锋号”，云南省

“学习型组织”，四川省“青年文明号”等多项荣誉称号。

1.2.4.2 涉及铁路专业的监理单位

成都西南交大工程建设咨询监理有限责任公司（原西南交通大学工程建设监理公司）是从事工程建设监理、咨询的专业化公司。其资质等级在 2009 年经住房和城乡建设部审核延续换证，资质等级为：铁路工程监理甲级、市政公用工程监理甲级、房屋建筑监理甲级。监理范围为：工业与民用建筑、铁路建筑、公路建筑、给水排水建筑、水利建筑、港口建筑工程监理及相关工程技术咨询服务。

公司原名西南交通大学工程建设监理公司，为全民所有制企业，于 2008 年 12 月进行了改制工作，更名为成都西南交大工程建设咨询监理有限责任公司，为西南交通大学产业集团独资的有限责任公司。公司法定代表人郭荣清同志兼公司总经理，担任中国铁道建设协会建设监理委员会副主任，并荣获成都市有突出贡献的优秀专家称号。公司现有员工 1 314 人，其中持有总监理工程师资格证书的有 106 人，持有监理工程师岗位证书的有 656 人，持有监理员资格证书的有 227 人。西南交通大学是具有百年历史的高等学府，土木工程专业也有百年历史，为国家培养了大批的土木工程专业人才，同时也培养了一批优秀的其他专业人才。公司依托学校的人才优势，同时吸收了一大批具有实际工作经验的工程技术人员，组建了一支专业技术力量雄厚、门类齐全、能适应各类工程建设监理工作需要的工程监理队伍。公司技术装备先进、齐全，拥有试验、检测、计算、通信、交通等各种仪器与设备。公司还制定了一系列管理规章制度、监理工作制度和奖惩制度，并严格执行，保证了监理工作规范、公正、科学地运行。

公司于 2010 年 12 月被中国建设监理协会授予 2010 年度先

进工程监理企业证书。公司抽调主要技术骨干承担了《铁路工程施工监理规范》的编写和修订工作。编写和修订《铁路工程施工监理规范》，对公司的管理起到了很大的促进作用，为我们管理工作进一步的标准化、规范化奠定了基础。总之，成都西南交大工程建设咨询监理有限责任公司拥有一大批熟悉监理理论并具有丰富铁路工程建设经验的专家、教授和监理工程师，在工程项目监理业绩上成绩斐然，必定能在工程建设监理领域中为铁路建设做出贡献。

1.2.4.3 涉及铁路专业的设计单位

成都西南交通大学设计研究院有限公司始建于 1958 年，是历经 50 余年的发展，于 2013 年由西南交通大学建筑勘察设计研究院改制成立的国有独资企业，是国内著名的高校设计院。

成都西南交通大学设计研究院有限公司现有人员 450 人，其中教授、高级工程师 175 人，工程师 153 人，各类国家注册师 69 人，有近 40%的技术人员具有硕士及以上学位，有一批具有较高学术造诣的各专业技术带头人。

成都西南交通大学设计研究院有限公司具有建筑工程（甲级）、铁道行业（甲级）、岩土工程（甲级）、市政桥梁（甲级）、工程咨询（建筑、铁路、公路、岩土工程）（甲级）、市政道路（乙级）、城市规划（乙级）等勘察设计咨询资质，并通过了 ISO 9001 质量管理体系认证。

1.2.5 BIM 咨询及合作单位

1.2.5.1 BIM 咨询单位

重庆市建筑科学研究院成立于 1959 年，是集建筑设计、监理咨询、工程检测、施工承包、科技研发为一体的综合性建筑科研院。研究院于 2003 年经国家人事部批准设立博士后科研工作站，同年工程质量检验测试中心通过国家实验室认可，2014 年获得由中国城市科学研究会和中国绿色建筑与节能委员会颁发的西南地区绿色建筑基地，2016 年获得建设工程质量检测 AAA 级信用机构认证。

研究院下属法人机构 5 个，院设部门 34 个。院设部门由 7 个管理部门、3 个专项工作部门及 24 个生产经营部门构成。生产经营业务主要分为检测、监理、设计以及工程施工承包 4 个板块。

研究院主要经营以下业务：接受委托承担建设工程、公路工程、建筑构件、制品以及建设工程现场所有材料、建筑结构、质量的检验测试工作；接受委托承担重大建设工程质量检测和试验任务；对建筑试验室及建筑检测机构进行业务指导和技术培训；参加建设工程新结构、新技术和新产品的科技成果鉴定和检测；接受委托承担建设工程室内环境污染检测工作；承担重庆市工程质量监督站以及有关部门交予的建设工程质量监督检测任务；接受委托承接建设工程质量司法鉴定。技术服务行业由建筑业延伸到交通、港口、水电，业务范围由重庆市辐射到四川、湖南、贵州、云南、甘肃、西藏。

全院现有职工 800 余人，大学以上文化程度达 94.2%，其中博士占比 2.4%，全院中高级职称人员总占比在 65%以上，拥有建筑设计、地基基础、建筑结构、建筑工程材料、项目管理与工程监理等专业的专家团队。研究院始终坚持科技研发与技术创新，多年来取得多项科技成果，其中包括国家、省（市）级科技成果奖，重庆市科技进步二等奖，重庆市建设创新二等奖等奖项以及多项发明专利；积极主编、参编国家行业和地方标准及图集，在工业废料资源化利用、高性能环保混凝土、结构耐久性、地基基础处理、边坡及地质灾害治理、绿色建材等领域取得了丰硕成果。

重庆市建筑科学研究院始终坚持党的领导，加强企业党建工作和党风廉政建设工作，同时紧紧围绕经济建设这一中心，抢抓机遇，勇于开拓，积极引进人才；大力推进创新，探索新型产业模式和经营模式，积极拓展业务范围，进一步建立和完善适应市场经济的运行机制，同时强化科研，推进科技进步，充分调动广大科技人员的积极性和创造性，物质文明和精神文明建设快速发展。在经济发展速度规模、科技创新能力以及职工收入等方面，研究院综合实力均位居西南地区同行业前列，先后被重庆市政府、住房和城乡建设部授予“重庆市文明单位”、“全国建设系统先进集体”、全国建设工程质量检测行业先进单位。

立足当前，放眼未来，重庆市建筑科学研究院将围绕科技创新和企业发展模式创新主线，着手构建产业发展、人才队伍和技术服务三大平台，利用全院的研究成果及建筑领域的先进技术，广泛开展技术咨询、适用技术及产品推广、技术培训、对外技术服务等，争取早日把全院建设成西部领先、国内一流的综合型建筑科研院。

1.2.5.2 BIM 科研单位

云南大学是一所历史悠久、文脉深远、在国际上有影响力的中国著名大学，简称云大（YNU），原名私立东陆大学，始建于 1922 年 12 月，1934 年更名为省立云南大学，1938 年改为国立云南大学，是我国西部边疆最早建立的综合性大学之一，1946 年《不列颠百科全书》将云南大学列为中国 15 所世界著名大学之一，1950 年定名云南大学，沿用至今。

云南大学是中国首批世界一流大学建设的 42 所高校之一，位列双一流、211 工程、中西部高校综合实力提升工程、中西部高校基础能力建设工程，入选 111 计划、卓越法律人才教育培养计划、卓越工程师教育培养计划、海外高层次人才引进计划、国家大学生创新性实验计划、国家建设高水平大学公派研究生项目，是中西部高校联盟成员、中国政府奖学金来华留学生接收院校，具有自主招生资格。截至2018年5月，云大有14个博士后流动站，一级学科博士点21个，一级学科硕士点42个，专业硕士点22个，本科专业86个；有教职员工2 965人，其中院士7人；微生物学、化学、植物学与动物学学科进入ESI全球前1%。云大现已成为以民族学、生物学、特色资源开发与环境保护，以边疆问题和东南亚、南亚国际问题研究为优势特色，学科较为齐全、人才密集的“以教育部为主、省部合建”的全国重点大学。

建筑与规划学院源起于20世纪20年代的私立东陆大学土木系，20世纪50年代院系调整停办了相关专业；2001年云南大学开办城市规划专业，2002年开办城市管理专业；2004年7月，为了适应新型城镇化发展的需要，云南大学组建了城市建设与管理学院；2015年10月更名为建筑与规划学院。学院设有城乡规划、风景园林、城市管理、土木工程、工程管理5个本科专业，目前正在筹建建筑学本科专业；设有土木工程专业一级学科硕士授权点、城市管理硕士点和建筑与土木工程专业硕士点，以及生物灾害环境工程博士点研究方向。有全日制在校本科生900余人，硕士研究生200余人。学院设有数字与城市实验教学中心，是云南省省级示范实验中心，以及云南大学工科类专业人才培养基地、教学改革创新基地。其下设建筑材料与土工实验室、工程检测实验室、工程测量与模型实验室、建筑物理与建筑环境实验室、建筑灾害与公共安全等专业实验室。学院设有高原人居环境建设中心、工程结构分析与工程抗震研究中心、中欧舒适性城市联合研究中心，建有中国西南地区较先进的防震减灾仿真试验平台和高级动三轴试验系统（英国GDS），拥有200 m^2的室内专业展厅和20 000余册专业图书资料，建成了供师生学习交流的“师生之家”。

学院师资结构呈现多元化、国际化特征，多数教师具有丰富的专业实践经验。目前拥有教职工65人，其中：教授、教授级高级工程师9人，副教授、高级工程师20人；具有海外留学、访学经历的教师近20人，具有博士学位的教师23人；聘有英、法、美等国的外籍教授7人。学院教师承担了国家自然科学基金、教育部科研基金、云南省科研基金等纵向科研项目40余项，横向科研项目80余项，实践工程项目500余项。学院依托云南大学深厚的人文底蕴，培养具有扎实理论基础、较强社会责任感，以及国际视野和专业实践能力强、品行优良、本领过硬、敢于担当、勇于创新的一流拔尖创新人才，毕业生就业率多年保持在98%以上。

学院积极推进办学和科学研究的国际化进程，目前与法国、英国、美国、日本、我国香港和台湾等二十多个国家和地区的高校、科研机构建立了多边合作关系；与英国赫瑞·瓦特大学签署了“3+2、2+2、4+1、5+1”的长期合作办学协议，联合培养具有国际视野的建筑类专业人才；与法国巴黎瓦尔德塞纳国立高等建筑精英学院签署了长期合作协议，在科学研究、合作办学、科学信息资料共享等领域开展全面合作；面向东南亚国家招生，培养了老挝、柬埔寨、越南等国家的留学生。

1.2.5.3 BIM合作单位

（1）云南路模信息科技有限公司。

云南路模信息科技有限公司是一家面向交通建设领域专业从事BIM技术服务和大数据应用的创新型科技企业。公司秉承“专业、诚信、创新、整合、共赢”的企业精神，致力于融合新技术与传统技术在交通建设领域中的应用，为政府、业主、施工、监理、检测、咨询单位等提供整套具有商业附加值的BIM

技术应用及管理解决方案。

公司长期深耕 BIM 技术在交通建设领域的应用落地，以交通建设信息化为己任，旨在让行业通过对 BIM 技术的应用，实现让工程技术更简单、让工程管理更简单、让工程建造更简单、让工作更轻松、让生活更美好的应用愿景，秉承公司是一所学校、公司是一个家庭、公司是一体之人的总体管理理念，坚持诚信、合作、共生、共赢的经营理念，坚持创新、奉献、拼搏、高效的发展理念，坚持协同、分享、互助、包容的团队理念，坚持诚信、厚德、正直、自强的为人理念，坚持累积、持续、定力、精进的为学理念，坚持专注、卓越、换位、整合的为事理念，坚持目标、态度、行动、细节的工作理念。

公司服务领域涉及：BIM 技术研发、BIM 应用咨询、BIM 应用服务、BIM 应用培训、BIM 云平台定制，以及基于 BIM 技术的工程建模、可视化出图、虚拟建造、可视化交底、施工仿真、碰撞检查、设计复核、方案深化、工程量复核、实景建模、无人机拍摄、VR 行业应用、全景图拍摄制作、全景视频拍摄制作、场景仿真、虚拟工地建设、可视化汇报、基于 BIM 的服务器建设及客户端应用、BIM 应用环境建设等。

公司目前与云南大学、重庆市建筑科学研究院、四川省建筑科学研究院、中欧建工、中创吉达、云南通升、云南交建、云南德融、海南海通监理咨询公司、云南通筑工程技术有限公司等校企合作，建立了研发体系，组建了研发团队，建立了集施工、监理、检测和运维为一体的 BIM 应用管理平台，为多个项目提供 BIM 培训、研发和应用服务。

（2）云南大筑科技有限公司。

云南大筑科技有限公司成立于 2018 年，是云南省一家专注于工程全寿命周期的科技创新与应用的公司。公司的主要业务范围包括：工程全过程 BIM 技术服务、BIM+三维 GIS 系统开发、无人机航拍与倾斜摄影、工程VR与AR定制开发、VR全景工程简报定制、智慧公路系统开发、智慧水利系统开发、智慧梁场系统开发、智慧工地系统开发、IOT+5G智慧系统开发、大数据分析与可视化设计等。自成立至今，公司已完成专利申报3项，申请软件著作权2项，出版专著1部。

1.3 BIM发展概述

1.3.1 CAE、CAD、BLM、BIM

BIM的全称为Building Information Modeling，翻译成中文为建筑信息模型。任何事物的发展都不是一蹴而就的，都要经历很多契机与波折，BIM的诞生也不例外。在漫长的发展历史中，经过CAE、CAD、BLM等概念的发展和完善，最终才诞生了BIM。

1.3.1.1 20世纪60年代的CAE发展时代

CAE（Computer Aided Engineering，计算机辅助工程）是用计算机辅助求解复杂工程和产品结构强度、刚度、屈曲稳定性、动力响应、热传导、三维多体接触、弹塑性等力学性能的分析计算以及结构性能的优化设计等问题的一种近似数值分析方法。CAE从20世纪60年代初在工程上开始应用到今天，已经历了50多年的发展历史，其理论和算法都经历了从蓬勃发展到日趋成熟的过程，现已成为工程和产品结构分析中（如航空、航天、机械、土木结构等领域）必不可少的数值计算工具，同时也是分析连续力学各类问题的一种重要手段。随着计算机技术的普及和不断提高，CAE系统的功能和计算精度都有很大提高，各种基于产品数字建模的CAE系统应运而生，并已成为结构分析和结构优化的重要工具，同时也是计算机辅助4C系统（CAD/CAE/CAPP/CAM）的重要环节。计算机辅助工程技术的提出就是要把工程（生产）的各个环节有机地组织起来，其关键就是将有关的信息集成，使其产生并存在于工程（产品）的整个生命周期中。因此，CAE系统是一个包括了相关人员、技术、经营管理及信息流和物流的有机集成且优化运行的复杂的系统。从CAE思想产生的初衷以及其发展方向不难看出，工程师是希望建立一套工程生产各个环节的信息管理系统，可以说这个思想对BIM的产生具有很大的启发意义。

1.3.1.2　1975年BIM概念的雏形

1975年，“BIM之父”Chunk Eastman教授在其研究的课题“建筑描述系统”中提出“基于计算机的建筑描述”，以便于实现建筑工程的可视化和量化分析，提高工程建设效率。可以看出，这个时期先驱们提出的思想理念受CAE的影响很深，甚至可以说是基本借鉴了CAE的思路，但是碍于建筑设计工具的限制，BIM的发展只能停留在概念阶段，难以更加深入地落实到工程实践中。

1.3.1.3　20世纪80年代软件业公司百家争鸣

20世纪80年代初期，随着计算机产业的发展，世界上诞生了许多软件供应商，而这些供应商不但成长为日后世界软件业的巨头，也极大地推动了BIM事业在全球的发展。在那个时期，美国诞生了如成立于1978年的Trimble、成立于1982年的Autodesk、成立于1982年的Archibus、成立于1984年的Bentley等公司；欧洲诞生了如成立于1981年的法国Dassault System、成立于1982年的匈牙利Graphisoft、成立于1963年的德国Nemetschek AG集团（内梅切克工程有限公司成立于2005年）、成立于1961年的德国RIB集团(其名下的ITWO是世界著名的

5D 设计建造一体化平台）等公司。20 世纪 90 年代，澳大利亚和中国一些学者开始从事 BIM 研究等相关工作。

1.3.1.4 1980—2000 年 CAD 的二维与三维之争

很多人对 CAD、AutoCAD、二维设计、三维设计等概念的认识是混淆的，甚至在很多场合也没有特别去区分。CAD（Computer Aided Design，计算机辅助设计）可以理解为：在设计中通常要用计算机对不同方案进行大量的计算、分析和比较，以决定最优方案；各种设计信息，不论是数字的、文字的或图形的，都能存放在计算机的内存或外存里，并能快速地检索；设计人员通常用草图开始设计，将草图变为工作图的繁重工作可以交给计算机完成；由计算机自动产生的设计结果，可以快速设计出图形，使设计人员及时对设计做出判断和修改；利用计算机可以进行与图形的编辑、放大、缩小、平移、复制和旋转等有关的图形数据加工工作。从这个角度讲，CAD 是一种全新的设计思想，只要能实现上述工具的软件都可以称为 CAD 软件，因此，CAD 并不是一个软件。而我们常说的 AutoCAD，是美国 Autodesk 公司的一款产品，20 世纪六七十年代 CAD 及其工具就已经诞生，但是当时软件高昂的价格使得很多使用者望而却步，而 Autodesk 公司推出的可复制图形且价格低廉的 Autodesk 很快占领了市场并由此成为日后的软件业巨头。从 1980 年到 2000 年的这 20 年间，关于 CAD 该用二维设计还是用三维设计，在业内经历了一场旷日持久的竞争。其中一方就是以 Autodesk 这样擅长做二维设计的软件供应商，另一方则是以 ArchiCAD（前文提到的 Graphisoft 公司的产品）这样擅长做三维设计的软件供应商。在计算机硬件能力有限的年代，三维设计的难度远远大于二维设计，因此，在这场竞争中，以 Autodesk 为代表的二维设计软件占据了上风。

1.3.1.5 BLM 的提出与 BIM 的诞生

说到 BLM 就必须先说 PLM。PLM，是一个英文缩写，表示产品生命周期管理（Product Lifecycle Management）。实质上，PLM 与我国提出的 C4P（CAD/CAPP/CAM/CAE/PDM）或者技术信息化基本上指的是同样的领域，即与产品创新有关的信息技术的总称。从另一个角度而言，PLM 是一种理念，即对产品从创建到使用，到最终报废等全生命周期的产品数据信息进行管理的理念。在 PLM 理念产生之前，PDM 主要是针对产品研发过程的数据和过程的管理。而在 PLM 理念之下，PDM 的概念得到延伸，成为 CPDM，即基于协同的 PDM，可以实现研发部门、企业各相关部门，甚至企业间对产品数据的协同应用。PLM 引申到建筑中就是 BLM（Building Lifecycle Management），BLM 概念的提出并没有在行业内引起太多的重视，现在回顾过去不难看出，我们现在行业内 BIM 努力的方向正是全寿命周期内的 BLM。

在 2002 年欧特克全球渠道商大会上，Revit 前 CEO 提出了 Building Information Modeling 这三个单词，也就是我们现在所讲的 BIM，这标志着 BIM 的诞生。业内还有另外一种说法，即 1992 年，"Building Information Model"这个名词第一次由 Nederveen 和 Tolman 提出。

美国国家 BIM 标准（NBIMS）对 BIM 的定义由三部分组成：① BIM 是一个设施（建设项目）物理和功能特性的数字表达；② BIM 是一个共享的知识资源，是一个分享有关这个设施的信息，为该设施从建设到拆除的全生命周期中的所有决策提供可靠依据的过程；③ 在项目的不同阶段，不同利益相关方通过在 BIM 中插入、提取、更新和修改信息，以支持和反映其各自职责的协同作业。

1.3.2　BIM 发展大事件（1980—2018 年）

在漫长的发展历史中，BIM 经历了政府主导、公司结盟、软件开发、公司并购、强强联合、探索创新等重大事件，具体详见表 1.5。

表 1.5　1990—2018 年 BIM 发展大事件

年代	事件
1990 年	· 中国政府提出甩图板愿景，催生了一大批本土 CAD 厂商。 · 这一时期既是中国 CAD 事业的开端，也是全球 BIM 的开端
1994 年	· 以 Autodesk 为首的 12 家美国公司创立 IAI 协会，旨在协调整个产业链推出一个全生命周期和全产业链所需要的标准，即日后著名的 IFC 标准。
	· 12 家公司分别为： 1）AT&T； 2）ARCHIBUS； 3）Carrier Corporation； 4）Hellmuth， 5）Obata & Kassabaum（HOK）； 6）Honeywell； 7）Aros Baum & Bolles； 8）Lawrence Berkeley Laboratory； 9）Primavera Systems； 10）Softdesk； 11）Timberline Software Corp； 12）Tishman Research Corp

续表

年代	事件
1996 年	· Intergraph（鹰图）发布了基于 Spatial Technology 的 ACIS 建模核心的 Windows 平台 3D CAD 软件 Solid Edge。 · Autodesk 发布第一个全功能的 3D 建模软件 Mechanical Desktop，很快成为销路最好的 3D CAD 软件。 · Revit 软件诞生
1997 年	· 达索系统成功收购 SolidWorks，掀起了并购之风。 · 达索系统发布 CATWeb 浏览器，具有增强的 3D 模型浏览功能。 · Intel 推出了更强的 Pentium 处理器，多家台湾厂商生产用于 PC 的高性能图形卡，几乎所有的 CAD 厂商都推出了基于微软 Windows 平台的产品。 · 电脑价格的大幅度降低与 Autodesk 推出 AutoCAD R14 中文版的盗版盛行，直接促成中国建筑业短短几年甩图板成功
1998 年	· 产品生命周期管理 PLM 这个词开始走出实验室，在业界流行，借鉴到建筑行业则为 BLM（Building Lifecycle Management，建筑寿命周期管理）。 · 此后传统 CAD 市场的激烈竞争对 BIM 软件市场的影响越来越小，这意味着一个新兴市场——BIM 软件市场的确立
2000 年	· 以 Microstation 著称的 Bentley 软件公司收购了 Intergraph（鹰图），为日后进入 CaBIM 市场进行角逐奠定了基础
2001 年	· ISO（International Standard Organization，国际标准化组织）开始编制关于建筑信息的 12006 标准，其主要内容影响到日后的 Omni class 标准

续表

年代	事件
2002年	· Autodesk收购了Revit软件，此举对日后的BIM软件市场产生了巨大的影响。 · 自此Autodesk在AEC领域开启了真正的BIM市场战略之路，又陆续收购了一系列的软件丰富和完善其BIM产品线，并逐渐放弃将其CAD产品线进行BIM化的努力
2003年	· 美国联邦总务署（GSA）作为世界上最大的BIM甲方，发起了3D—4D—BIM计划。 · GSA要求至2007年其采购的建筑项目全部BIM化，并至2013年完成一整套被实践经验所证明了的适用于建筑全生命周期整合管理的《BIM指南》
2004年	· NIST机构发布《美国资本性投资的工程项目因缺乏信息互通导致的成本分析报告》，一时间成为对传统AEC行业产生冲击力最大的负面报告。 · Revit产品开始推向全球市场（包括中国），最早于1987年就推出三维建筑设计软件的ArchiCAD此时也推出了中文版。 · 中国开始出现BIM的声音和第一批行业先驱
2006年	· CSI学会推出集大成者的Omni class建筑信息分类编码体系，并被Revit采纳内置为族系统的默认编码体系，随着Revit日渐成为主流的BIM建模软件，Omni class也渐渐普及
2007年	· IAI更名为building SMART，并分裂为国际上的bSI和美国的bSa。 · bSI继续研究OpenBIM，而实力最强的北美分会更名为bSa（building SMART alliance）后并入全美建筑科学院NIBS。 · NIBS同年推出酝酿已久的《全美BIM标准（NBIMS）》，该标准被视为集大成之作，而制定国家标准的行为日后被各国效仿。

续表

年代	事件
2007年	· Autodesk完成了对NavisWorks的收购，CaBIM软件从模型创建时代开始逐步进入模型使用时代。 · ArchiCAD（图软）被德国Nemetschek工程有限公司收购，旗下ArchiFM软件独立。拥有ArchiCAD、Vectorworks和Allplan的Nemetschek工程有限公司，也在CaBIM市场上占据了举足轻重的地位。 · 中国发布《建筑对象数字化标准》，虽然未被普遍采纳，但这一标准也可以认为是一个在国家层面上努力的象征
2008年	· Autodesk推出Seek平台用于收集建筑产品厂商上传的Revit族。 · Chuck Eastman等人出版《BIM handbook》，一问世就成为行业经典著作。 · 历时数年的全球BIM术语工作至此基本上完全成型，即BIM这一术语成为一种创新的、被普遍认可的建筑全生命周期整合信息化模式的代表。 · 在此期间，AEC行业纷纷设立BIM相关岗位，原先的CAD经理普遍转型为BIM经理，原有的信息化业务进行了充分的BIM化，从AEC到FM的应用基本均获成功，IPD模式已然成为大势所趋
2011年	· Autodesk继续强化建模软件Revit，并多方收购后模软件，包括Robobat、Ecotect、Horizontal Glue和Qontext等。以后两者为基础开发的BIM360产品线都已是按照转型后的云战略部署的云端产品，并推出基于Revit的Dynamo可视化编程插件，此时CaBIM产品之Autodesk阵营已然成为市场领导者。 · Autodesk推出了平民级家装设计云产品美家达人。 · 这个时期整个计算机工业都在向云计算转型，CaBIM软件行业也受到其影响。

续表

年代	事件
2011年	· 中国出现第一个BIM研究中心（华中科技大学）、第一部BIM著作《BIM总论》。 · IBM收购IWMS系统Tririga。 · CAFM/IWMS软件市场开始进入巨头竞争时代。 · 基于BIM思想设计的数据管理平台和FM软件开始出现
2012年	· 天宝（Trimble）收购谷歌旗下的SketchUp，将其纳入到天宝新成立的BIM产品线（DBO），后陆续又收购了一系列BIM/PM/CAFM相关软件，包括著名的TEKLA、VICO、Prolog、Manhattan和Gehry Technologies' GTeam。 · 加上天宝既有的GPS设备、激光扫描仪等硬件产品，CaBIM产品之天宝阵营正式形成；并且，收购老牌FM系统Manhattan，使得天宝成为唯一拥有全生命周期软件的公司。 · 之前一度也曾经达到过全生命周期产品线的Autodesk由于在2011年关闭FM Desktop软件而缺失FM环节，只在BIM360中稍有弥补。 · CaBIM概念已不限于软件，而是扩展到硬件领域，乃至物联网、大数据、云
2013年	· IFMA基金会出版《FM经理的BIM》
2014年	· 国内软件供应商广联达公司收购芬兰MagiCAD，随后相继推出BIM产品。 · 其间BIM人才渐起、翻模员岗位剧增、国产建筑软件尤其是CAD软件纷纷改称BIM，中国的巨大建筑市场成为全球最大建筑面积的BIM服务市场。 · 出现第一个BIM本科专业（吉林建筑大学），政府扶持力度巨大，融合了中国当代特色的中国式BIM逐渐形成

续表

年代	事件
2015年	· 天宝与内梅切克形成战略伙伴。 · Autodesk与广联达联合
2016年	· 内梅切克收购Solibri，ArchiCAD主推OpenBIM概念。 · 天宝与Autodesk联合。 · Revit平台上的可视化编程工具Dynamo成熟，纳入Revit标准功能。Autodesk推出基于BIM360平台的项目管理工具Plan、运维管理工具Building Ops。 · 越来越多的人将“用模”的概念开始扩展为“用数据”
2017年	· 装配式建筑、人工智能、国家规范相继走入人们的视野，BIM更加普及。各地纷纷出台装配式以及BIM的推动政策，各地建筑业均将BIM作为主要发展方向。 · 越来越多的人才加入BIM的发展行列中
2018年	· 装配式PC与钢结构BIM得到进一步发展，水利、公路、桥梁等项目加大对BIM的推动力度，尤其是铁路、市政、公路等项目。 · Bentley发布最新的Context Capture软件与iModel2.0平台，为BIM协同提供更佳体验，该平台可以兼容其他软件平台的数据格式。 · 德国RIA公司旗下的全寿命周期BIM管理平台与Autodesk旗下的Revit合作，打通模型与数据的链接。 · 欧特克等国际软件巨头也逐步将视野放在人工智能、VR、AR等技术的开发上

1.4 研究的技术路线

本书按照“发现问题—分析问题—解决问题”的整体研究

思路，将整体研究分成三个部分，即现状调研、需求研究和技术研究。

项目的研究主要包括 2 个模块和 5 个内容。2 个模块即：① 转体桥梁设计—施工的协同设计管理模块；② 转体桥梁施工阶段 BIM 精细化管理模块。5 个内容即：① BIM 建模规范编码体系手册；② 参数化建模模型及族库研究；③ 转体桥梁可视化资料创建与管理研究；④ 转体桥梁 BIM 施工精细化动态管理研究；⑤ 智慧工地与 BIM 施工精细化管理结合应用研究。项目结合理论、方法、技术、实验与建设，开展研究工作，技术路线如图 1.2 所示。

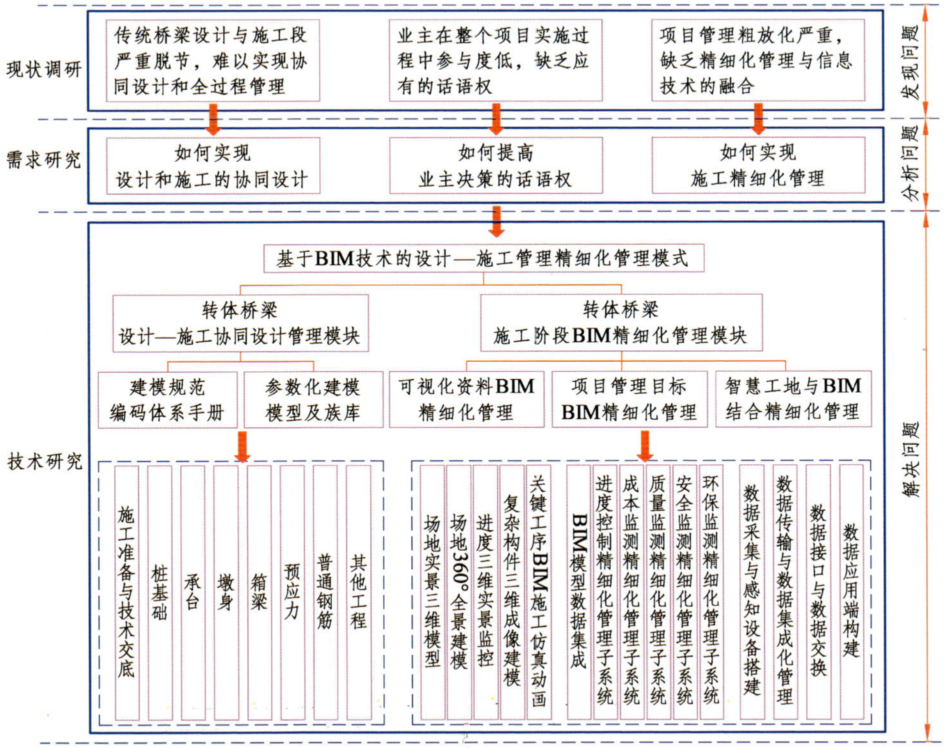

图 1.2　研究的技术路线

1.5 本书的结构框架

本书的结构框架分为三个部分：

第一部分：BIM概述及项目基本情况，主要包括第1章和第2章的内容。

第二部分：基于BIM技术的精细化管理实践，主要包括第3章～第9章的内容。

第三部分：BIM前沿技术展望，主要包括第10章的内容。

本书的结构框架详见表1.6。

表1.6 本书的结构框架及主要内容一览

结构框架	章	主要内容
BIM概论及项目基本情况	第1章 绪论	研究的背景、项目概况、技术路线
	第2章 项目概况	项目概况、设计要点、BIM应用点
基于BIM技术的精细化管理实践	第3章 BIM协同设计	编码体系、BIM建模、模型深化设计
	第4章 BIM进度管理	施工进度仿真、进度偏差及优化、里程碑
	第5章 BIM质量控制	二维码检测、BIM平台协同
	第6章 BIM成本控制	三算对比、三算控制、成本管理
	第7章 BIM安全控制	危险源识别、BIM模型联动
	第8章 BIM信息协同	信息流程管理、PC—平台—移动端信息联动
	第9章 BIM可视化资料	模型、视频、动画、三维实景、360°全景
BIM发展方向前沿技术展望	第10章 前沿技术展望	GIS、IOT、VR、AR、智慧工地、云平台计算

第 2 章　工程项目概况

2.1　项目基本概况

2.1.1　项目建设的意义

昆明至楚雄至大理高速公路是云南省滇西地区与省会昆明乃至我国中东部地区连接的交通大动脉，也是我国西南地区通往缅甸及东南亚周边国家的重要通道，路网地位十分重要。云南昆楚高速公路的建设是适应日益增长的交通量发展和改善行车条件、提高运输效益的需要，是提高道路等级和服务水平的需要，是落实“一带一路”倡议和“面向南亚东南亚辐射中心”战略部署的需要，是实施“西部大开发”的战略需要，也是促进区域经济合作的需要，是完善国家高速公路网布局、提高云南省干线公路网主骨架技术等级结构、有效发挥高速公路在综合运输系统中的功能和作用的需要，是构建大理滇西城市群建设发展的需要，是加快区域社会经济发展，实施新一轮特困地区扶贫攻坚的需要，是保证边疆稳定、促进民族团结、增强国防交通战略和提高处理突发事件应变能力的需要。

云南昆明至楚雄至大理高速公路（以下简称“昆楚大高速公路”)是国家高速公路网 G56 杭州—瑞丽高速公路滇境中的重要路段，为云南省会昆明通往滇西、滇西北、滇西南及藏区的主要经济干线，是云南省高速公路网中“七出省、五出境”公路主通道中连接东南亚、南亚国家的国际大通道。其辐射昆明、楚雄、大理、保山、怒江、德宏、丽江、临沧、迪庆等 9 个州（市）20 多万平方千米的土地，占云南全省面积的 51.3%，辐射人口 2 118.2 万，占云南全省总人口的 45.2%。

2.1.2　项目所在的区位

国家高速公路网昆明至楚雄高速公路岷山—广通段高速公路，连接安楚高速（安宁至楚雄高速公路），长 114.916 km，双向六车道，设计速度 100 km/h，路基宽度 33.5 m，线路总投资 150.7 亿元；途经禄丰县直至昆明，昆楚高速（勤丰至和平试验段）主线起点 K60+622，位于禄丰县大德村，路线由东向西布线，主线终点 K61+395 至和平镇，路线全长 773 m。昆楚高速（勤丰至和平试验段）上跨成昆铁路立交桥工程（简称上跨成昆铁路立交桥工程）是该工程的重点控制性工程。本项目所在位置详见图 2.1 和图 2.2。

图 2.1　大德大桥在昆楚高速公路中的位置示意

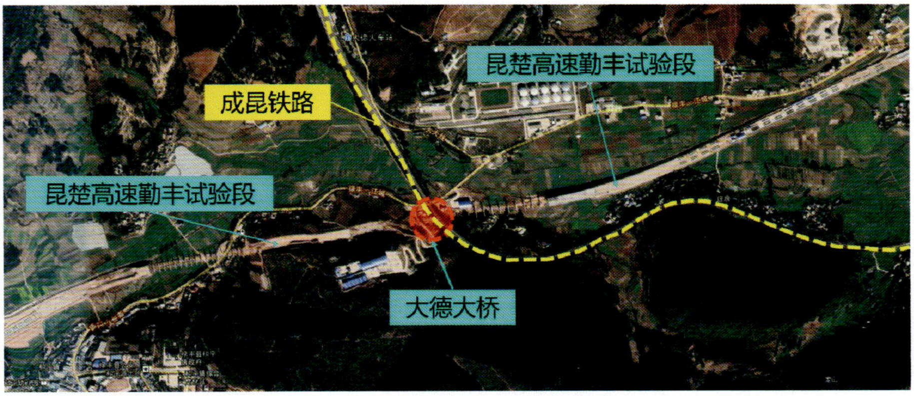

图 2.2　大德大桥上跨成昆铁路示意

2.2　项目设计要点

2.2.1　工程场地自然条件

2.2.1.1　区域地形、地貌、气候、水文情况

（1）地形、地貌。

桥址区为和平山间盆地地貌，桥址区冲沟较不发育，各桥墩位于缓坡上及平坦地区，小里程桥台位于盆地内，地形平缓；大里程桥台位于丘陵的缓坡上，自然坡度为 10° ~ 23°。拟建桥址区高程介于 1 819 ~ 1 849 m，地表以农田为主，有乡村公路通往桥址区，交通条件较为便利，如图 2.3。

（2）气象。

本项目区域上属高原季风温凉气候带，具有干湿季明显的特点。每年降水多集中在 6—10 月，约占全年降水量的 70% ~ 80%，为地下水补给的旺盛时期；每年 11 月至次年 5 月为干季，降水量和地表、地下水源显著减少，每年 3—5 月往往有春旱发

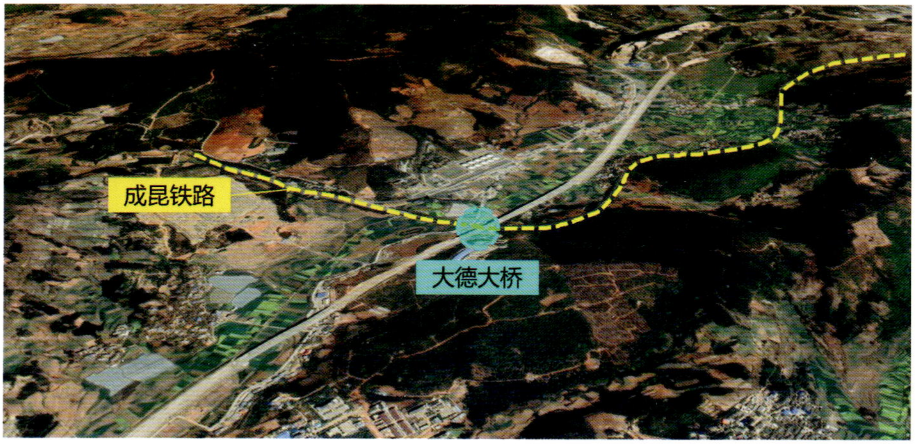

图 2.3 项目地形地貌三维 GIS 示意

生。此外，本项目区域受地形影响具立体气候特点，一般在同一纬度带，标高较高时气温下降、降水量增大；通常标高增高 100 m，气温下降 0.5 °C，降水量增加约 40 mm。区内多年平均气温为 12.2 ~ 16.3 °C，最冷为 1 月，平均气温为 9.3 °C；最热为 7 月，平均气温为 20.2 °C；多年平均降水量为 823.3 ~ 1 206.8 mm；多年平均蒸发量为 1 633.3 ~ 2 214.9 mm；多年平均相对湿度为 71% ~ 75%；多年平均绝对湿度为 1.08 ~ 1.36 kPa。区内气候条件对项目建设及营运的不利影响较小。

（3）水文。

① 地表水。

桥址区经过一条河流，勘察期间河面宽约 1.5 ~ 2.0 m，水深约 0.30 m，流速 0.15 m/s。流量和水位受季节影响较明显。雨季时由于河流两侧山体汇水面积较大，河水位和流量易暴涨。

② 地下水。

i. 松散岩类孔隙水。

该类地下水主要赋存于山间盆地、谷地内第四系冲洪积物的孔隙中，属孔隙型潜水，以大气降水补给为主，河流附近同时接受河水补给。其富水性和渗透性主要取决于岩性特征，黏性土富水性和渗透性弱。勘察期间盆地、谷地内地下水位埋藏一般约 3.0 m，局部低洼地段近地表，雨季地下水位会升高，但对桥梁深基础影响甚微。

ii. 岩溶水。

该类地下水主要分布于震旦系上统灯影组（$Z_b dn$）碳酸盐岩的溶隙中，以大气降水补给为主，地下水径流方向与地形基本一致。

③ 水的腐蚀性评价。

据工程地质调绘，桥梁建设场地内未见化工污染的水体，区内建构筑物所用混筑土结构未见腐蚀现象。本次勘察在附近项目 K62+100 和 K62+240 处采集地下水水样作水腐蚀性测试。分析结果表明：区内地下水化学类型以 HCO_3^- · Ca · Mg 为主。据《公路工程地质勘察规范》（JTG C20—2011）附录 K，判定建设场地内地下水对混筑土结构及钢筋混凝土结构中钢筋具微腐蚀。

2.2.1.2　区域地层岩性与地质构造特征

路线区地处南岭东西构造、川滇南北构造与云南山字形构造交接带，历经多期构造运动的改造而复杂化，并深刻地控制了区域地质构造的发生和发展。据本次工程地质调绘及区域数据综合分析，路线走廊带内及附近构造以近南北向为主、北东向构造次之。区内主要构造有罗茨—易门断层和高楼—石洞断层。桥址区未有断层发育，不考虑活动断裂的影响。

2.2.1.3　场地岩土特征及性质

根据地质调绘及钻探揭露，拟建桥址区范围内上覆地层为第四系冲洪积和残坡积粉质黏土，下伏基岩为震旦系上统灯影组白云岩。以上地层岩性按照工程力学性能并结合工程特征共划分为 7 个工程地质单元层。现自上而下分述如下：

（1）第四系全新统冲洪积（Q_4^{al+pl}）

粉质黏土：褐色、褐黄色，硬塑，稍湿，混有少许强风化白云岩圆砾，干强度、韧性高，切面稍光滑，无摇震反应。厚度较大，揭露厚度约 3 m。

黏土：褐红色，软塑，很湿，少许灰岩小圆砾，干强度、韧性低，切面光滑，无摇震反应。厚度较大，揭露厚度 1 m。

粉土：褐黄色，稍密，湿，充填少量粉质黏土，干强度、韧性中等，切面光滑，有轻微摇震反应。厚度较大，揭露厚度 3.2 m。

黏土：褐红色，硬塑，湿，混少许白云岩小圆砾，干强度、韧性高，切面光滑，无摇震反应。厚度较大，揭露厚度 6 ~ 12.5 m。

（2）第四系全新统残坡积（Q_4^{el+dl}）

粉质黏土：棕褐色，硬塑，混有少许强风化白云岩角砾，干强度、韧性中高。

红黏土：红色，硬塑，稍湿，混有少许强风化白云岩角砾，干强度、韧性中高。厚度较大，揭露厚度 5.9 ~ 6.8 m。

（3）震旦系上统灯影组（$Z_b dn$）。

白云岩：浅灰色，致密结构，中层状构造，节理及岩溶孔隙发育，总体产状为 80°∠4°，建设场地内广泛分布。全风化呈夹层状，一般厚 0 ~ 4 m；风化线之上为强风化，岩体破碎，岩芯呈碎石状、碎块状，局部呈短柱状，岩芯锤击声脆难碎，层顶埋深 1.2 ~ 10.6 m，厚 10.9 ~ 36 m；风化线之下为中风化岩芯，呈柱状，局部呈碎石状、碎块状，岩芯锤击声脆难碎，*RQD*=60%，层顶埋深 16.8 ~ 36 m，钻孔未揭穿，厚度较大，可作为桩基础的桩端持力层。

2.2.1.4　地震及抗震设计参数

根据《中国地震动参数区划图》（GB 18306—2015）、《建筑抗震设计规范》（GB 50011—2010），本工程区地震动峰值加速度为 0.15g，地震动反应谱特征周期 0.45 s，与之对应的地震基本烈度为Ⅶ度。桥址区为中硬土类型，场地类别为Ⅱ类。

2.2.2　设计规范及设计标准

2.2.2.1　工程采用的设计规范与准则

（1）《公路桥涵设计通用规范》（JTG D60—2015）。

（2）《公路钢筋混凝土及预应力混凝土桥涵设计规范》（JTG D62—2012）。

（3）《公路桥涵地基与基础设计规范》（JTG D63—2007）。

（4）《公路桥梁抗风设计规范》（JTG/T D60-01—2004）。

（5）《公路桥涵施工技术规范》（JTG/T F50—2011）。

（6）《公路圬工桥涵设计规范》（JTG D61—2005）。

（7）《公路工程抗震规范》（JTG B02—2013）。

（8）《公路桥梁抗震设计细则》（JTG/T B02-01—2008）。

（9）《公路交通安全设施设计规范》（JTG D81—2006）。

（10）《公路交通安全设施设计细则》（JTG/T D81—2006）。

（11）《城市桥梁养护技术规范》（CJJ 99—2003）。

（12）《城市桥梁桥面防水工程技术规程》（CJJ 139—2010）。

（13）《城市桥梁工程施工与质量验收规范》（CJJ 2—2008）。

（14）《公路工程混凝土结构防腐蚀技术规范》（JTG/T B07-01—2006）。

（15）《混凝土结构耐久性设计规范》（GB/T 50476—2008）。

（16）《铁路工程防火设计规范》（TB 10063—2007）（2012

年版）。

（17）中国铁路总公司《铁路技术管理规程（普速铁路部分）》（铁总科技〔2014〕172号）。

（18）《铁路安全管理条例》（国务院令第639号，2014年1月1日起施行）。

（19）铁道部《铁路营业线施工安全管理办法》（铁运〔2012〕280号）。

（20）昆明铁路局《铁路营业线施工安全管理实施细则》（昆铁办〔2012〕538号）。

（21）昆明铁路局《昆明铁路局路外涉铁工程管理办法》（昆铁办〔2016〕499号）。

（22）其他有关公路及桥梁工程设计的规范及规定。

2.2.2.2 工程采用的设计标准

（1）道路等级：高速公路。

（2）设计速度：100 km/h。

（3）设计荷载：公路-Ⅰ级；跨铁路联及相邻孔活载考虑1.3倍放大系数。

（4）标准路面横坡：±2%横坡。

（5）限界：既有成昆铁路轨顶至梁底最小净空11.8 m。

（6）地震烈度：地震基本烈度Ⅶ度，地震基本加速度为0.15g，场地类别Ⅱ类。

（7）路幅标准横断面布置：本项目设计的路幅标准横断面为33.5 m，具体如表2.1所示。

表2.1 路幅标准横断面布置一览

护栏	行车道	护栏	中央分隔带	护栏	行车道	护栏	合计
0.5 m	15.5 m	0.5 m	0.5 m	0.5 m	15.5 m	0.5 m	33.5 m

2.2.3 主要材料

2.2.3.1 混凝土

（1）梁体：

主桥 2×65 m 箱梁采用 C55 混凝土，引桥 40 m 跨现浇箱梁采用 C50 混凝土，孔道压浆采用 M45 水泥浆，桥面铺装采用沥青混凝土，调平层采用 C50 混凝土。

（2）下部结构：

转体主墩采用 C40 混凝土；上承台采用 C50 混凝土，下承台采用 C40 混凝土；钻孔桩采用 C30 混凝土。

其余桥墩墩身及桥台台身采用 C40 混凝土，承台采用 C30 混凝土，钻孔桩采用 C30 混凝土。

（3）支座垫石：

采用 C50 混凝土。

（4）防撞护栏：

SS 级护栏采用 C40 混凝土，SA 级护栏采用 C30 混凝土。

其技术标准均应符合《公路钢筋混凝土及预应力混凝土桥涵设计规范》（JTG D62—2012）、《公路桥涵施工技术规范》（JTG/T F50—2011）的规定，不得采用具有碱-碳酸盐反应的骨料，并应优先采用非活性骨料。选用的骨料在试生产前应进行碱活性试验。

2.2.3.2 普通钢筋

桥面铺装钢筋采用 D10 冷轧带肋钢筋焊接网，钢筋技术标准应符合《冷轧带肋钢筋》（GB 13788—2017）的有关规定。

其余钢筋直径≥12 mm 者均采用带肋螺纹钢筋，钢筋直径＜12 mm 者采用光圆钢筋，其种类分别为 HRB400 和 HPB300。HPB300 钢筋技术标准应符合《钢筋混凝土用热轧光圆钢筋》

（GB 1499.1—2008）国家标准第 1 号修改单中的有关规定，HRB400 钢筋技术标准应符合《钢筋混凝土用热轧带肋钢筋》（GB 1499.2—2007）中的有关规定。钢筋直径大于等于 25 mm 采用钢筋机械接头连接，连接器技术标准应符合《钢筋机械连接技术规程》（JGJ 107—2016）的规定。钢筋直径小于 25 mm 的采用绑扎搭接，搭接长度应满足规范要求。

2.2.3.3 预应力钢绞线、锚具

预应力钢绞线采用低松弛预应力钢绞线，钢绞线公称直径 15.2 mm，钢绞线面积 A_y=140 mm^2。标准强度 f_{pk}=1 860 MPa，E_p=1.95×10^5 MPa，采用后张法预应力锚固体系。其技术指标应符合《预应力混凝土用钢绞线》（GB/T 5224—2014）标准的有关规定。锚具为成套锚具（含螺旋筋），必须符合现行标准《公路桥梁预应力钢绞线用锚具、夹具和连接器》（JT/T 329—2010）的规定。管道成孔采用塑料波纹管。

2.2.3.4 钢 材

钢材技术标准必须符合《桥梁用结构钢》（GB/T 714—2015）的有关规定。选用的焊接材料、焊接工艺应与基材相匹配，且满足《公路桥涵施工技术规范》（JTG/T F50—2011）的有关规定。

2.2.4 桥梁结构

2.2.4.1 桥式布置

左幅桥梁全长 254 m，右幅桥梁全长 294 m，引桥采用分幅布置，单幅桥宽 16.5 m，跨铁路主桥采用整幅布置，桥宽 33.5 m。引桥主梁采用单箱单室等高度预应力混凝土现浇箱梁，主桥主梁采用单箱四室变高度预应力混凝土 T 构连续梁。

桥梁孔跨布置为：

左幅桥 2×40 m 连续梁+2×65 m T 构+1-40 m 简支梁；

右幅桥 2×40 m 连续梁+ ×65 m T 构（左右幅共用）+2×40 m 连续梁。

2.2.4.2　跨铁路主桥——2×65 m T 构

（1）上部结构。

主梁采用变高度连续梁，为单箱四室斜腹板截面，边支点处截面中心处梁高 3.0 m，中墩处截面中心处梁高 6.5 m，梁顶面设 2%双向横坡。箱梁顶板桥面宽度 33.5 m，底板宽 25.4 ~ 23.7 m，两侧悬臂板长各 3.5 m，悬臂板端部厚 20 cm，根部厚 55 cm。顶板厚 30 cm，支点处加厚至 60 cm；底板厚 25 ~ 100 cm，支点处局部加厚；腹板厚 50 cm ~ 80 cm，在支点处局部加厚。如图 2.4、图 2.5 所示。

主梁共设 2 道端隔墙、2 道中隔墙，端隔墙厚为 2 m，中隔墙厚度为 1.7 m，中隔墙上设置进人孔，端隔墙不设。为便于后期检修，在靠近端隔墙位置底板设置 D=80 cm 的进人孔。

梁体采用纵、横、竖向三向预应力体系，其中纵向预应力钢束采用 22-Φ^s15.2、19-Φ^s15.2、12-Φ^s15.2 钢绞线，M15-22、M15-19、M15-12 圆形锚具或其他同类型产品，锚下控制张拉应力见预应力钢束布置图。预应力采用顶、腹、底板布束方式布置。桥面板横向预应力采用 4-Φ^s15.2 钢绞线、BM15-4 型锚具，两端张拉，间距 50 cm，锚下张拉控制应力为 1 375 MPa；端隔墙及中隔墙横向预应力采用 12-Φ^s15.2、15-Φ^s15.2 钢绞线，M15-12、M15-15 圆形锚具，两端张拉，锚下张拉控制应力为 1 395 MPa。竖向预应力设置在箱梁 0 号、1 号、2 号段，竖向预应力钢筋采用抗拉强度标准值 f_{pk}=785 MPa、直径 25 mm 的精轧螺纹钢筋，纵向间距 50 cm，锚具采用 YGM 锚具。

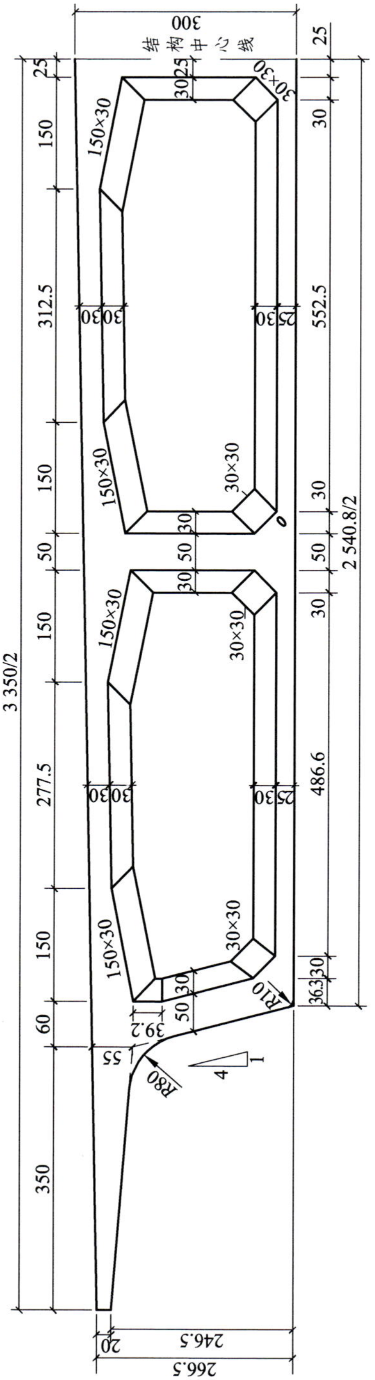

图 2.4　主桥主梁边支点横断面图（单位：cm）

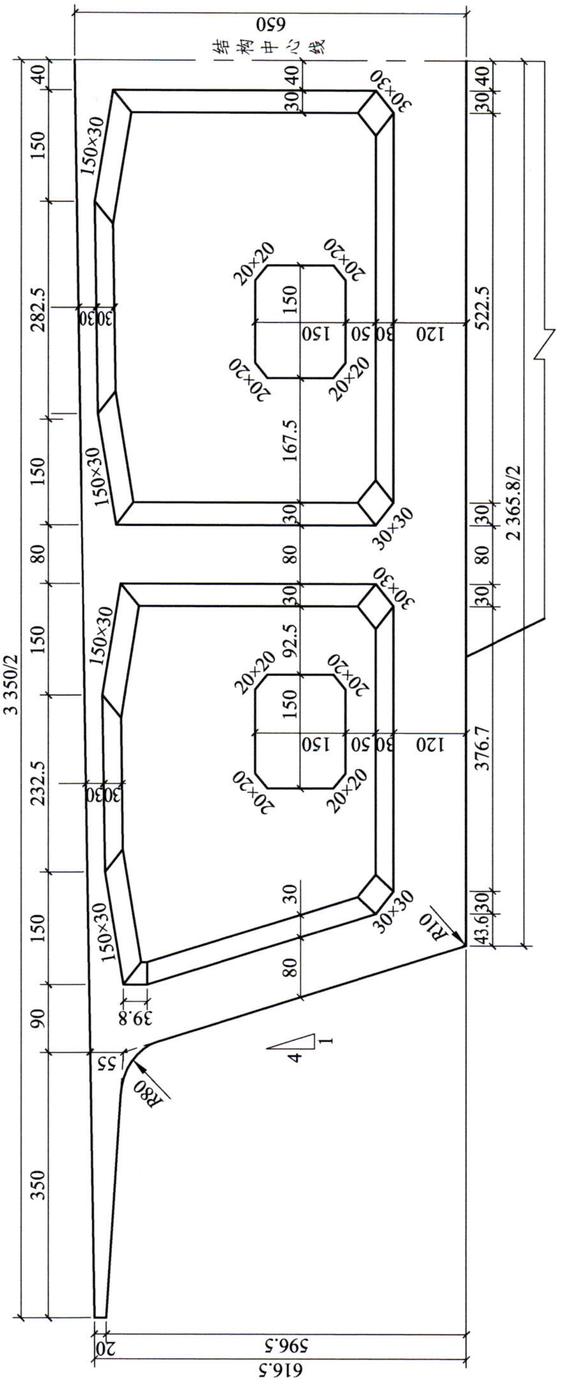

图 2.5　主桥主梁中墩处横断面图（单位：cm）

（2）下部结构。

19 号转体主墩采用双肢薄壁墩，墩梁固结，墩高 10 m，单肢横桥向宽 16 ~ 8 m，顺桥向宽 1.5 m，两肢之间净距 2 m；转体承台采用上下双承台形式，上承台为圆形截面，直径 11 m，厚 3.5 m，下承台为矩形截面，尺寸为 14.6 m（横桥向）×14.6 m（顺桥向）×4 m（厚度）；基础采用 9 根桩径 2.2 m 的钻孔灌注桩基础。如图 2.6 所示。

18 号、20 号墩为主、引桥的交接墩，采用矩形实体墩，墩高 18 m、15 m，横桥向宽 5.9 ~ 8.0 m，顺桥向宽 2.2 ~ 2.8 m；承台为矩形，尺寸为 8 m（横桥向）×8 m（顺桥向）×2.5 m（厚度）；基础采用 4 根桩径 1.8 m 的钻孔灌注桩基础。如图 2.7 所示。

2.2.4.3　引桥——1-40 m 简支箱梁、2×40 m 连续梁

（1）上部结构。

主梁采用等高度连续梁，为单箱单室斜腹板截面，截面中心处梁高 2.5 m，梁顶面设 2%单向横坡。箱梁顶板桥面宽 16.5 m，底板宽 8.53 m，两侧悬臂板长各 3.5 m，悬臂板端部厚 20 cm，根部厚 55 cm。顶板厚 30 cm，在支点处加厚至 75 cm；底板厚 25 cm，在支点处加厚至 70 cm；腹板厚 60 cm，在支点处加厚至 115 cm。如图 2.8 所示。

1-40 m 简支箱梁主梁共设 2 道端隔墙，隔墙厚 2 m，端隔墙不设进人孔。为便于后期检修，在靠近端隔墙位置底板设置 $D = 80$ cm 的进人孔。

2×40 m 连续箱梁主梁共设 2 道端隔墙、1 道中隔墙，隔墙厚均为 2 m，中隔墙上设置进人孔，端隔墙不设。为便于后期检修，在靠近端隔墙位置底板设置 D=80 cm 的进人孔。

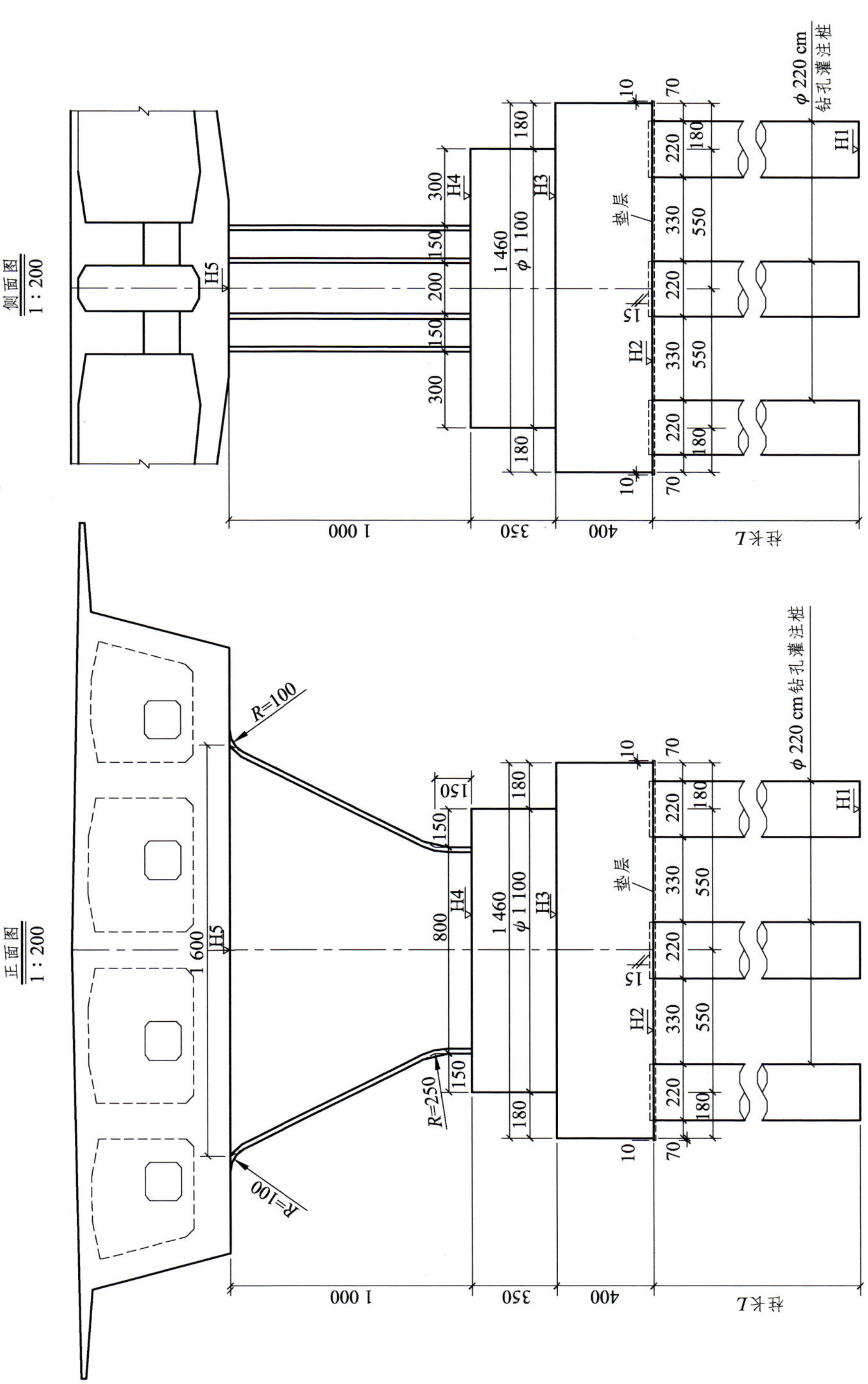

图 2.6　转体主墩构造（单位：cm）

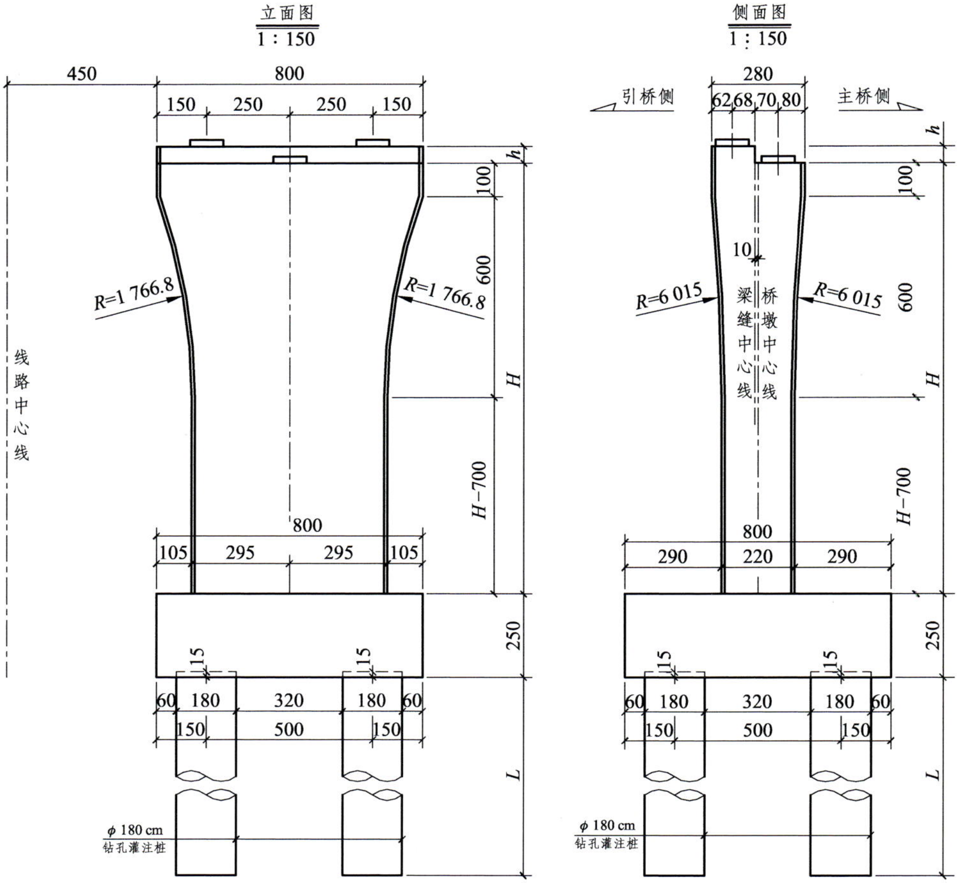

图 2.7　主、引桥交接墩构造（单位：cm）

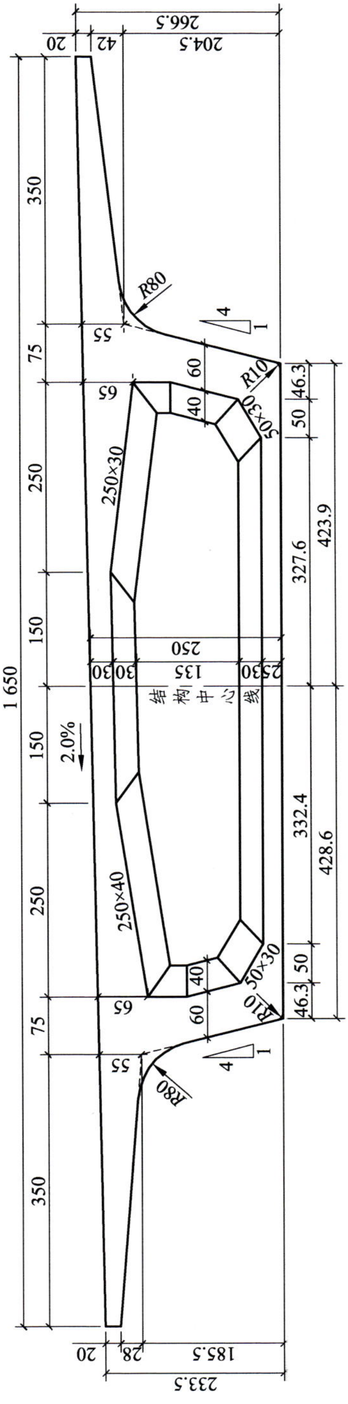

图 2.8　引桥主梁横断面图（单位：cm）

梁体采用纵、横向双向预应力体系，其中纵向预应力钢束采用 17-ϕ^{s}15.2、15-ϕ^{s}15.2 钢绞线，M15-17、M15-15 锚具或其他同类型产品，锚下控制张拉应力见预应力钢束布置图。预应力采用顶、腹、底板布束方式布置。桥面板横向预应力采用 4-ϕ^{s}15.2 钢绞线、BM15-4 和 BM15-4P 型锚具，单端交错张拉，间距 50 cm，锚下张拉控制应力为 1 375 MPa；端隔墙及中隔墙横向预应力采用 12-ϕ^{s}15.2、7-ϕ^{s}15.2 钢绞线，M15-12、M15-7 锚具，两端张拉，锚下张拉控制应力为 1 395 MPa。

（2）下部结构。

16 号墩为引桥现浇箱梁与预制小箱梁交接墩，小里程侧接 30 m 预制小箱梁，大里程侧接 2×40 m 连续现浇箱梁，采用高低盖梁形式的双柱墩，墩柱高 20 m。盖梁横向宽 15.2 m，顺桥向宽 2.8 m，厚 2 m；单柱截面尺寸为 2.0 m（横桥向）×2.6 m（顺桥向），两柱横向中心距 7.0 m；两柱之间设 2 道横系梁，截面尺寸为 1.8 m（宽）×2 m（高）。承台为工字型，尺寸为 9.5 m（横桥向）×7.5 m（顺桥向）×2.5 m（厚度）；基础采用 4 根桩径 1.5 m 的钻孔灌注桩基础。如图 2.9 所示。

17 号、Y21 号墩为中间墩，采用矩形实体墩，墩高分别为 21 m、7 m，横桥向宽 5.9～8.0 m，顺桥向宽 2.4 m；承台为矩形，尺寸为 8.0 m（横桥向）×8.0 m（顺桥向）×2.5 m（厚度）；基础采用 4 根桩径 1.8 m 的钻孔灌注桩基础。如图 2.10 所示。

Z21 号、Y22 号桥台采用桩接盖梁式轻型桥台，横向宽 16.5 m，背墙厚 60 cm，盖梁高 200 cm、宽 230 cm。基础采用 2 根桩径为 1.5 m 钻孔灌注桩。

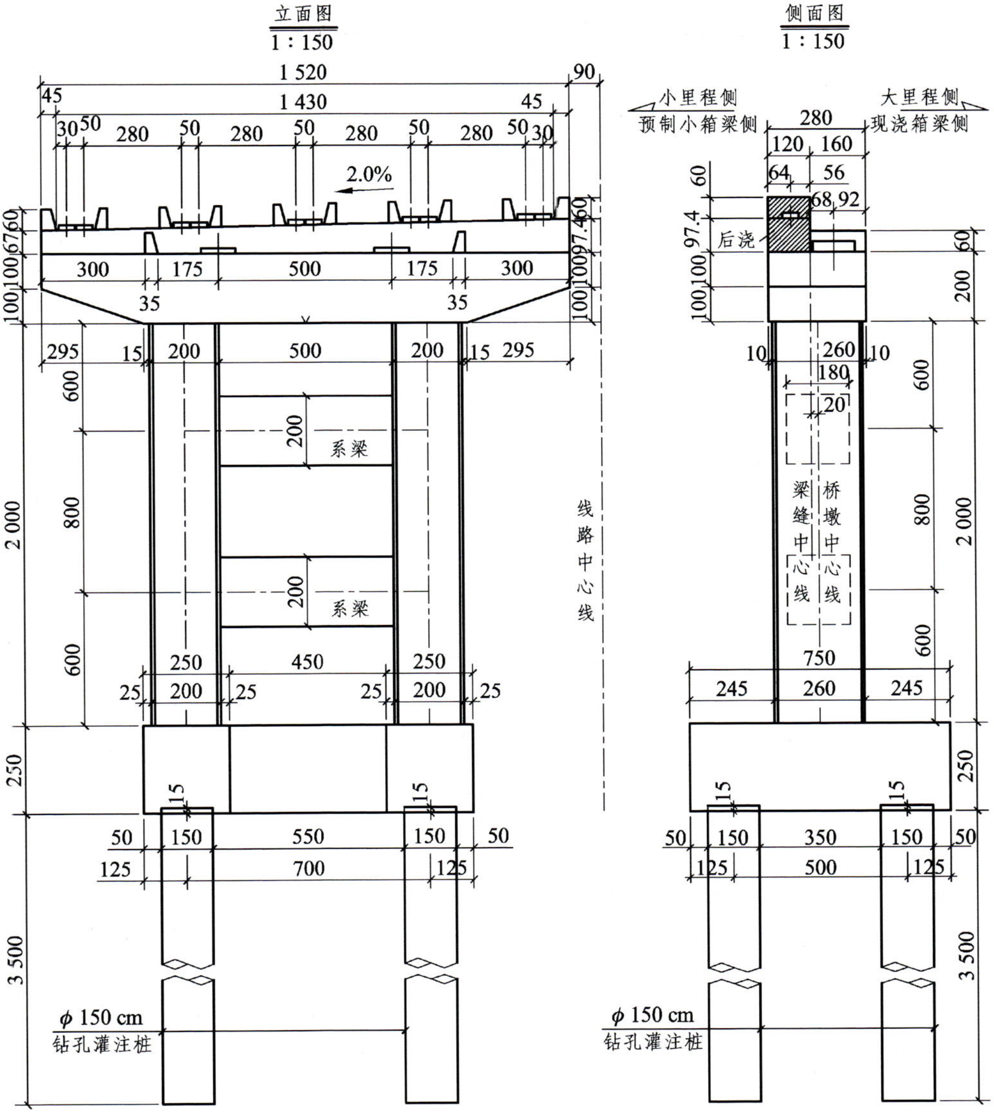

图 2.9　引桥交接墩构造（单位：cm）

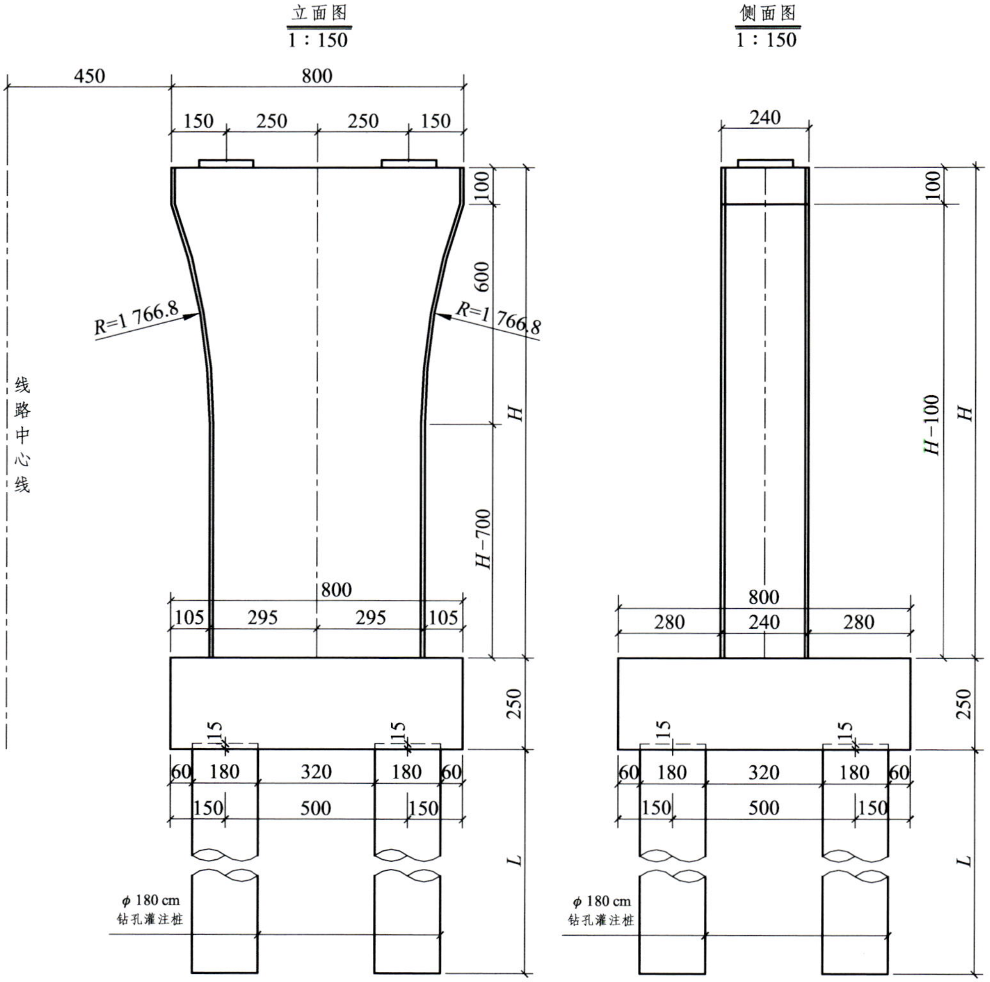

图 2.10　引桥中间墩构造（单位：cm）

2.2.5　结构计算

设计中主梁按 A 类预应力混凝土结构设计。

2.2.5.1　计算参数

设计环境类别：Ⅰ类。

重要性系数：1.1。

收缩徐变：混凝土徐变对结构产生的效应按照《公路钢筋混凝土及预应力混凝土桥涵设计规范》（JTG D62—2004）第 4.2.12 条办理，收缩徐变引起的预应力损失按照《公路钢筋混凝土及预应力混凝土桥涵设计规范》（JTG D62—2012）第 6.2.7 条办理。

混凝土及普通钢筋材料性能指标按照《公路钢筋混凝土及预应力混凝土桥涵设计规范》（JTG D62—2012）执行，预应力钢绞线力学性能指标及相关计算参数如下：

弹性模量：1.95×10^5 MPa

标准强度：1 860 MPa

张拉控制应力：详见图纸

抗拉强度设计值：1 260 MPa

钢绞线松弛系数：0.035

孔道偏差系数：0.001 5

孔道摩阻系数：0.15

锚具变形及钢束回缩每端按 6 mm 计。

2.2.5.2　计算荷载及荷载组合

（1）恒载：一期恒载包括主梁、横隔梁等自重。主梁自重按实际断面计，容重 26 kN/m^3。二期恒载包括防撞护栏、桥面铺装及调平层等。

（2）活载：公路-Ⅰ级，跨铁路桥考虑 1.3 倍放大系数。

（3）温度：设计合龙温度为 15 °C。

有效温度作用效应：升温温差取 20 °C，降温温差取-20 °C；

主梁上缘温差按《公路钢筋混凝土及预应力混凝土桥涵设计规范》（JTG D62—2015）取值。

（4）基础变位（不均匀沉降）：按 0.5 cm 考虑。

（5）荷载组合如下：

组合一：恒载+活载；

组合二：恒载+活载+升温组合+制动力+纵向风力；

组合三：恒载+活载+降温组合+制动力+纵向风力。

2.2.6 附属结构

2.2.6.1 桥面铺装

桥面铺装共分两层：上层为 4 cm 细粒式沥青混凝土，下层为 6 cm 中粒式沥青混凝土。

2.2.6.2 桥面调平层

桥梁梁顶调平层采用 C50 混凝土，桥面调平层厚度为 8 cm。

2.2.6.3 桥面防水层

在梁顶水泥混凝土调平层顶面和桥面沥青混凝土铺装层之间设置防水层，防水层采用三涂 FYT-1 改进型桥面专用防水层或其他同类型防水层。

2.2.6.4 支　座

支座采用 JPZ（Ⅲ）型盆式橡胶支座。

2.2.6.5　伸缩装置

梁端设置伸缩缝装置，伸缩缝装置采用 D80 及 D160 型伸缩缝。

2.2.6.6　桥面排水系统

桥面上不设排水管，其上积水顺桥向流入其他桥孔后，由桥面排水系统排出桥面。

地面排水系统应单独设置，禁止将桥面雨水排入铁路排水系统内。

2.2.6.7　防护栏

本桥跨铁路主桥桥面两侧采用 SS 级混凝土防撞护栏，护栏顶距路面高度 1.3 m，其余采用 SA 级混凝土防撞护栏，护栏顶距路面高度 1.1 m。

2.2.6.8　防护网

高度：跨越铁路孔及相邻桥孔范围内桥面外侧应按《铁路工程设计防火规范》（TB 10063—2007）设置防护网。本桥在主桥桥面两侧在 SS 级防撞护栏顶设置 2.2 m 高防抛网。

2.2.6.9　防雷接地

本桥在 18 号及 19 号桥墩处做接地处理，接地电阻 $R \leqslant 10\ \Omega$。

2.3　项目的主要 BIM 应用点

2.3.1　项目使用的 BIM 工具

本项目是基于 BIM 技术的精细化管理，涉及转体桥梁的协同设计管理、施工进度控制、施工成本控制、施工质量控制、施工安全管理、施工合同管理、施工现场管理、施工信息管理、可视化资料管理等多方面工作。

为了顺利实现项目目标，本项目根据不同阶段的工作任务和工作要点，选择不同的BIM软件或平台来完成相应的工作。本项目中主要涉及的BIM软件和平台详见表2.2。

表2.2 项目使用的BIM工具一览

序号	BIM工具	主要用途
1	Autodesk Revit 2018	BIM建模、BIM族制作、模型深化、协同设计
2	Autodesk Revit Structure	钢筋模型、深化设计、协同设计
3	Autodesk Navisworks	碰撞检测、进度模拟、关键工序施工动画
4	Autodesk 3Ds Max	转体桥梁关键工序精细施工动画
5	Autodesk Infraworks	BIM与GIS结合应用
6	Autodesk Civil 3D	地形处理、地形与卫星图像重叠处理
7	Lumion 8.0	场景搭建、模型渲染、动画制作
8	Bentley Context Capture	三维实景模型
9	大疆 DJI GO4	无人机360°全景建模
10	大疆无人机 悟2+5S镜头	倾斜摄影照片、现场航拍、施工进度跟踪
11	BIM信息管理平台	数据集成、设计协同、施工精细化管理
12	Unity3d	关键工序AR模型开发
13	二维码平台	二维码触发、施工现场二维码应用

2.3.2 项目主要的BIM应用点

本项目基于BIM技术进行精细化管理，BIM技术的主要应用点有 36 个，其中：设计协同管理模块有 5 个 BIM 应用点；施工进度控制模块有 5 个应用点；施工成本控制模块有 5 个应用点；施工质量控制模块有 4 个应用点；施工安全管理模块有 3 个应用点；施工信息协同模块有 3 个应用点；施工现场管理模块有 5 个应用点；可视化资料管理模块有 6 个应用点。项目的 BIM 技术应用点详见表 2.3。

表 2.3 项目的 BIM 技术主要应用点一览

应用模块	主要 BIM 应用点
设计协同管理	1. 利用 CAD 图纸建立 BIM 三维模型 2. 建立转体桥梁工程 BIM 模型编码体系 3. 转体桥梁工程 BIM 模型深化设计 4. 转体桥梁工程 BIM 三维钢筋模型细化 5. 转体桥梁工程 BIM 模型碰撞检测及优化
施工进度控制	6. 计划进度 BIM 施工虚拟建造模拟 7. 三维实景模型实际进度跟踪 8. 全景 VR 实际形象进度跟踪 9. 进度偏差比对及优化 10. 进度、成本、资源信息联动处理
施工成本控制	11. 项目投资 BIM 模型构件及跟踪 12. 预付款、进度款、竣工结算数据集成及跟踪 13. 变更、索赔、价款调整信息集成与处理 14. 人工、材料、机械、资源使用计划及优化 15. 进度、成本、资源信息联动处理
施工质量控制	16. 利用 VR、AR、施工动画进行技术交底 17. 手机 APP 与二维码技术的应用 18. 质量检查记录信息集成与跟踪 19. 质量整改记录信息集成与跟踪

续表

应用模块	主要BIM应用点
施工安全管理	20. BIM模型危险区域识别与现场标注 21. BIM技术 + 关键施工工序动画进行安全交底 22. BIM技术 + 关键施工工序动画进行安全教育
施工信息协同	23. 施工表格及文档自动化集成 24. 手机APP文件审查及会签 25. 手机APP查阅模型及指令发放
施工现场管理	26. 技术交底二维码应用 27. 安全交底二维码应用 28. 施工巡检二维码应用 29. 实测实量二维码应用 30. 施工人员实名制二维码应用
可视化资料管理	31. CAD—BIM模型—深化模型—施工模型集成与协同 32. 施工关键工序动画仿真 33. 无人机航拍360°全景 34. 无人机航拍三维实景建模 35. 无人机进度管理影像集成 36. 转体桥梁VR沉浸式体验

第 3 章　基于 BIM 技术的协同设计管理实践

3.1　传统设计模式及其弊端

3.1.1　设计意图难以清楚准确的表达

传统设计模式是利用 CAD 二维设计工具将设计意图用图纸的形式表现出来，对于很多工程人员而言，由于桥梁工程形式复杂、工程量巨大、构件数量多等，图纸所表达的设计意图并不直观。对于工程实践经验不丰富的工作人员来说，很难清楚、准确、快速地理解设计意图、施工注意事项、安全技术问题。在实际工作中为了保证设计意图被施工方、监理方充分理解，通常在施工之前都会由建设单位组织设计单位、施工单位等进行技术交底。从实践经验来看，利用平面二维设计进行技术交底的效果往往不能令人满意。而且随着施工的不断深入，施工人员仍然可能对设计意图造成误解或者难以直观准确地按照图纸施工。

传统设计模式在进行工程设计的时候，通常是将一个三维物体分解为平面图、立面图、剖面图，然后利用三者的有机结合来表示一个三维物体，但是这对设计人员的要求非常高，必须具备扎实的设计基础和丰富的实践经验才能准确设计出工程实体。但是实践证明，很多设计图纸都很难准确建立平面、剖面、立面的联系，常常会出现一些错误。因此，在实际施工中发现错误后，施工单位只能将问题反馈给监理单位，监理单位反馈给建设单位，建设单位再将问题反馈给设计单位，设计单位修改后再层层反馈信息，这样就很容易造成进度延误。这种延误、变更对项目各个参与方都造成了非常不好的影响。

3.1.2 设计成果与施工阶段脱节严重

根据现场调研，设计阶段存在的第二个问题就是设计成果与施工阶段脱节严重。除了上述所说的原因之外，还有一个重要的原因是设计方与施工方的工作流程是完全不同的。设计方在进行工程设计的时候，其逻辑和流程通常是：地质勘查—结构选型—初步方案—深化设计—施工图设计—图纸审查—图纸交付。从这个流程不难看出，设计方的逻辑是从宏观至微观的设计线路，工程由大到小逐步细化和完善，但是由于设计方在完成工作时是受国家设计规范和强制性规定制约的，因此实践中，设计方在进行工程设计时只要满足约束条件和强制性规范即可，也就算正常完成了设计工作。而施工单位的工作逻辑和流程和设计方存在天壤之别，施工单位在整个项目施工过程中，主要受国家质量验收规范和强制性规定约束，采用的施工工艺、工法等均要满足上述条件。根据国家质量验收规范规定，整个验收过程是按照以下顺序进行的：检验批—分项工程—分部工程—单位工程—单项工程。从这个逻辑不难看出，施工单位在整个项目的施工过程中是从微观逐步到宏观的施工顺序，这与设计单位的流程正好相反。

此外，诚如前文所述，目前设计单位很多年轻的设计师缺乏现场施工经验，因此，即使设计图纸通过了审查，但是我们真的应该认真反思：其设计深度是否满足施工工艺要求，其设计精度是否满足施工工艺要求，其设计的可读性是否满足施工工艺要求。如果不能从根本上解决设计为施工服务的思想转变问题，那么设计-施工一体化协同也就无从谈起，目前设计阶段与施工阶段脱节严重的现状也就很难改变。

3.1.3　设计成果的价值并未充分发挥

传统模式下，设计成果的价值并未充分发挥，甚至可以说只是沧海一粟。施工单位利用设计图纸，按部就班地施工，在项目实施过程中，可能会出现工程变更，而这些信息最后被反映在竣工图纸上。整个过程可以理解为一个简单的加法公式：施工图纸+各种变更=竣工图纸。

对于整个工程而言，从设计到施工，再到竣工验收、交付使用以及后期运维阶段，图纸是模型的一个载体，起到指导和信息传递的作用。简单来说，在施工进度控制中，我们可以利用实际进度与图纸表达的计划进度作比较；在质量控之中，我们可以利用设备仪器测量构件的实际坐标用于和图纸表达的构件坐标进行比对，发现偏差点并进行相应整改：这些都是图纸的潜在价值，而传统模式下的图纸价值远远没有得到充分发挥。

此外，在传统模式下，最终的竣工图纸要进行备案和存档。纸质版和电子版的图纸存档后，再次利用的概率很小，工程宝贵的经验信息并未得到总结和积累，图纸的调用也没有那么方便。根据调查显示，绝大多数工程在项目竣工后几乎不会或者很少做具有实质性的总结和积累。

3.2　基于 BIM 技术的协同设计管理

3.2.1　BIM 建模编码体系的编制

3.2.1.1　技术路线

本项目在实施过程中，通过理论研究与深入调研相结合的方式，实事求是地从工程实际的真实需求出发，旨在建立一套符合转体桥梁工程施工的 BIM 模型编码体系标准化手册，成果除了可以用于本项目以外，还可以为将来其他项目的建设提供一定的借鉴意义。工作的技术路线详见图 3.1。

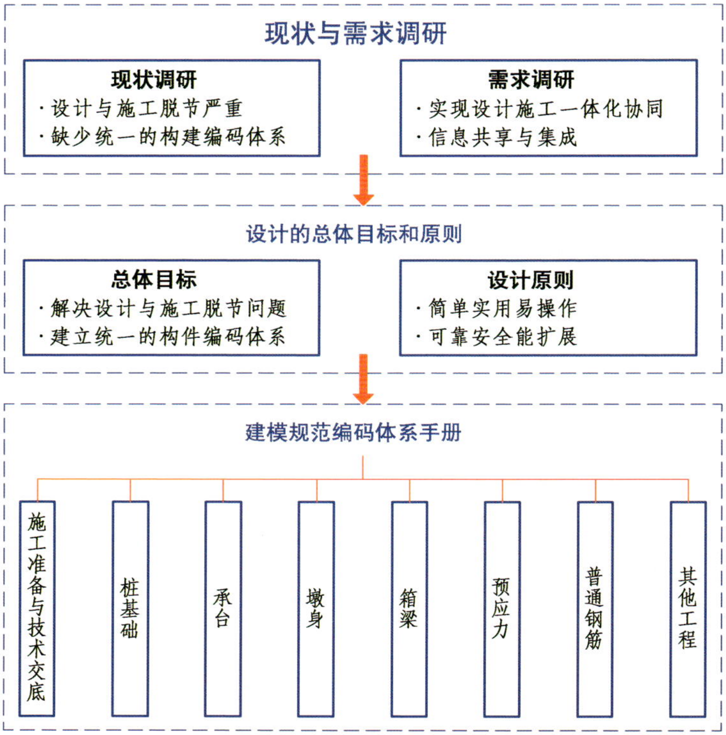

图 3.1　BIM 建模编码体系的技术路线

3.2.1.2　工作内容

本项目的编码体系最大的特点是立足工程施工角度，根据整个施工过程的逻辑流程，以国家质量验收规范为依据，将整个转体桥梁工程的编码体系分为四个部分，即：施工前准备、桥梁下部结构、桥梁上部结构和其他工程。具体工作内容详见表 3.1。

表 3.1　BIM 建模编码体系的主要内容一览

施工部位	具体部位	参数化建模及构件编码内容
施工前准备	技术交底	1. 路线平纵断面 2. 桩位坐标 3. 墩位标高 4. 跨越障碍物净空 5. 构件截面标高
下部结构	地下管线核准	6. 地下管线走向 7. 地下管线标高
	桩基础	8. 钢筋骨架 9. 吊环 10. 混凝土 11. 支撑系统 12. 垫块
	承台	13. 大体积混凝土配合比 14. 模板 15. 钢筋 16. 预埋件
	墩身	17. 墩身浇筑施工费优化 18. 墩身钢筋及箍筋模型 19. 墩身支架 20. 墩身模板
上部结构	箱梁	21. 箱梁分段模型 22. 顶板、底板、腹板配合比 23. 制作预埋钢板 24. 混凝土调平楔块 25. 钢筋模型 26. 附属设施预埋件(伸缩缝、护栏、泄水孔、支座等)

续表

施工部位	具体部位	参数化建模及构件编码内容
上部结构	预应力施工	27. 预应力管道 28. 排气孔与压浆嘴 29. 预应力钢绞线 30. 锚垫板、夹片、锚圈、加强螺栓 31. 钢筋束
	普通钢筋	32. 钢筋模型 33. 箍筋模型
其他工程		34. 桥面铺装 35. 桥面防水层 36. 桥面伸缩缝 37. 支座安装标高校准 38. 泄水孔与通气孔 39. 预埋件 40. 外露钢筋防锈处理 41. 接触网 42. 承力索 43. 回流线 44. 预铰式护线条

3.2.2 BIM 参数化模型族库的构建

3.2.2.1 技术路线

项目参数化流程的主要目的是将构件的截面尺寸设计成参数，对于像基础、桥墩、T梁、箱梁等可重复利用的构件来说，在使用BIM模型的时候，只需要修改模型中的参数就可以得到准确的尺寸，这样就会大幅度提高工作效率。本项目从目前现状出发，对用户进行实际需求调研，确定该项工作的总体目标和原则，然后设计系统构架，最终完成转体桥梁的参数化模型并将参数化构件整理成构件族库。该项工作的技术路线如图 3.2 所示。

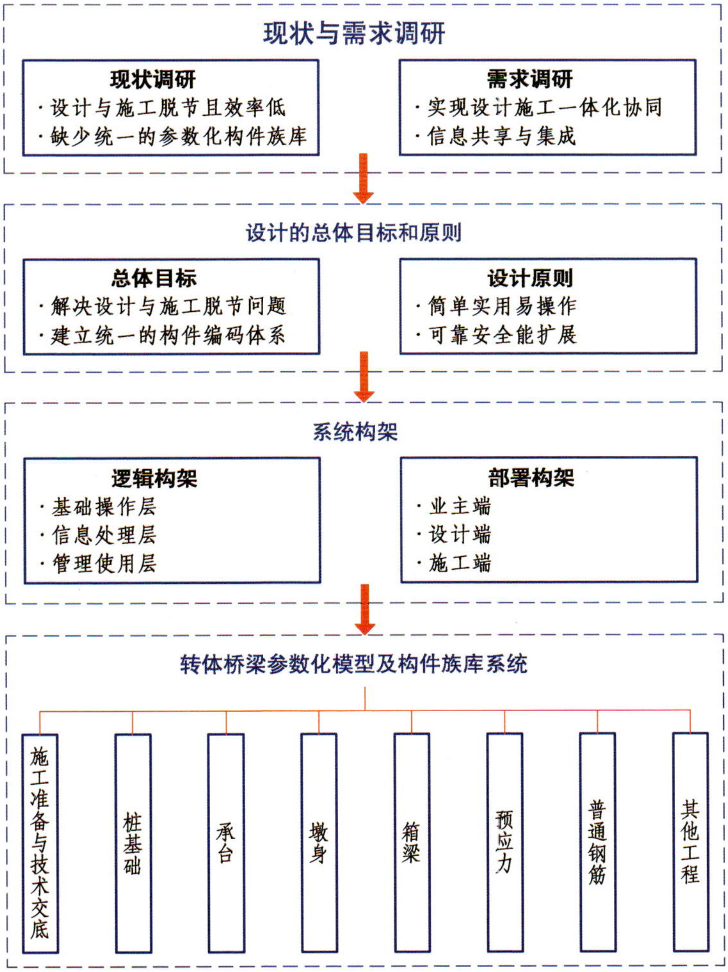

图 3.2　BIM 参数化建模的技术路线

3.2.2.2　工作内容

为了保持工作流程的延续性和系统性，BIM 模型参数化建模沿用编码体系的工作内容，将整个构件族库分为四个部分，即：施工前准备、桥梁下部结构、桥梁上部结构和其他工程。具体工作内容详见表3.2。

表3.2　BIM参数化模型构件的主要内容一览

施工部位	具体部位	参数化模型族库的主要内容
施工前准备	技术交底	1. Civil3D地形模型 2. 道路断面参数化模型 3. 桩、墩定位参数化模型 4. 标高参数化模型
下部结构	地下管线核准	5. 无
	桩基础	6. 钢筋轮廓族及半径参数化模型 7. 构件参数化模型
	承台	8. 承台轮廓族参数化模型 9. 模板参数化模型 10. 钢筋轮廓族及半径参数化模型 11. 预埋件参数化模型
	墩身	12. 墩身轮廓族参数化模型 13. 墩身钢筋及箍筋参数化模型 14. 墩身支架及模板参数化模型
上部结构	箱梁	15. 箱梁变截面参数化模型 16. 预埋钢板参数化模型 17. 混凝土调平楔块参数化模型 18. 钢筋轮廓族及半径参数化模型
	预应力施工	19. 预应力管道轮廓族及半径参数化模型 20. 预应力钢绞线轮廓族及参数化模型 21. 锚垫板、夹片、锚圈、加强螺栓参数化
	普通钢筋	22. 钢筋轮廓族及半径参数化模型

续表

施工部位	具体部位	参数化模型族库的主要内容
其他工程		23. 桥面铺装族库 24. 桥面防水层族库 25. 桥面伸缩缝族库 26. 泄水孔与通气孔族库 27. 预埋件族库 28. 接触网族库 29. 承力索族库 30. 回流线族库 31. 预铰式护线条族库

3.2.3　转体桥梁 BIM 模型深化设计

3.2.3.1　工程概况

国家高速公路网昆明至楚雄高速公路岷山—广通段高速公路，连接安楚高速，途经禄丰县直至昆明；昆楚高速（勤丰至和平试验段）主线起点 K60+622，位于禄丰县大德村，路线由东向西布线，主线终点 K61+395 至和平镇，路线全长 773 m，其中大德大桥跨越成昆铁路（大德站与勤丰营站间），跨铁立交桥为本线的重点控制性工程。

3.2.3.2　深化设计依据

（1）云南省交通规划设计研究院提供的线路平、纵、横断面图。

（2）成都西南交通大学设计研究院有限公司提供的《云南省昆明—楚雄高速公路改扩建工程勤丰至和平试验段上跨成昆铁路立交桥工程》施工图。

（3）《建筑信息模型应用统一标准》（GB/T 51212—2016）。

（4）《建筑信息模型施工应用标准》（GB/T 51235—2017）。

3.2.3.3 主要材料

（1）混凝土。

① 上部梁体：主桥 2×65 m 箱梁采用 C55 混凝土，引桥 40 m 跨现浇箱梁采用 C50 混凝土，孔道压浆采用 M40 水泥浆，桥面铺装采用沥青混凝土，调平层采用 C50 混凝土。

② 下部结构：转体主墩采用 C40 混凝土；上承台采用 C50 混凝土，下承台采用 C40 混凝土；钻孔桩采用 C30 混凝土。其余桥墩墩身及桥台台身采用 C40 混凝土，承台采用 C30 混凝土，钻孔桩采用 C30 混凝土。

③ 支座垫石：采用 C50 混凝土。

④ 防撞护栏：SS 级护栏采用 C35 混凝土，SA 级护栏采用 C30 混凝土。

（2）普通钢筋。

钢筋直径≥12 mm 者均采用带肋螺纹钢筋，钢筋直径＜12 mm 者采用光圆钢筋，其种类分别为 HRB400 和 HPB300。

HPB300 钢筋技术标准应符合《钢筋混凝土用热轧光圆钢筋》（GB 1499.1—2008）国家标准第 1 号修改单中的有关规定；HRB400 钢筋技术标准应符合《钢筋混凝土用热轧带肋钢筋》（GB 1499.2—2007）中的有关规定。

（3）预应力钢绞线、锚具。

预应力钢绞线采用低松弛预应力钢绞线，钢绞线公称直径 15.2 mm，钢绞线面积 A_y=140 mm^2。标准强度 f_{pk}=1 860 MPa，E_p=1.95×10^5 MPa，采用后张法预应力锚固体系。其技术指标应符合《预应力混凝土用钢绞线》（GB/T 5224—2003）标准的有关规定。锚具为成套锚具（含螺旋筋），必须符合现行标准《公路桥梁预应力钢绞线用锚具、夹具和连接器》（JT/T 329—2010）的规定。管道成孔采用金属波纹管。

（4）钢材。

钢材技术标准必须符合《桥梁用结构钢》（GB/T 714—2015）的有关规定。选用的焊接材料、焊接工艺应与基材相匹配，且满足《公路桥涵施工技术规范》（JTG/T F50—2011）的有关规定。

3.2.3.4　桥梁结构

（1）桥式布置。

左幅桥梁全长 254 m，右幅桥梁（昆明至楚雄方向，即小里程至大里程方向）全长 294 m，引桥采用分幅布置，单幅桥宽 16.5 m，跨铁路主桥采用整幅布置，桥宽 33.5 m。引桥主梁采用单箱单室等高度预应力混凝土现浇箱梁，主桥主梁采用单箱四室变高度预应力混凝土 T 构连续梁。桥梁孔跨布置为：

左幅桥 2×40 m 连续梁+2×65 m T 构（左右幅共用）+1-40 m 简支梁；

右幅桥 2×40 m 连续梁+2×65 m T 构（左右幅共用）+2×40 m 连续梁。

桥梁孔跨布置具体见图 3.3。

（2）跨铁路主桥——2×65 m T 构。

① 上部结构。

主梁采用变高度连续梁，为单箱四室斜腹板截面，边支点处截面中心处梁高 3.0 m，中墩处截面中心处梁高 6.5 m，梁顶面设 2%双向横坡。箱梁顶板桥面宽度 33.5 m，底板宽 25.4 ~ 23.7 m，两侧悬臂板长各 3.5 m，悬臂板端部厚 20 cm，根部厚 55 cm。顶板厚 30 cm，支点处加厚至 60 cm；底板厚 25 ~ 100 cm，支点处局部加厚；腹板厚 50 ~ 80 cm，在支点处局部加厚。

桥型布置图

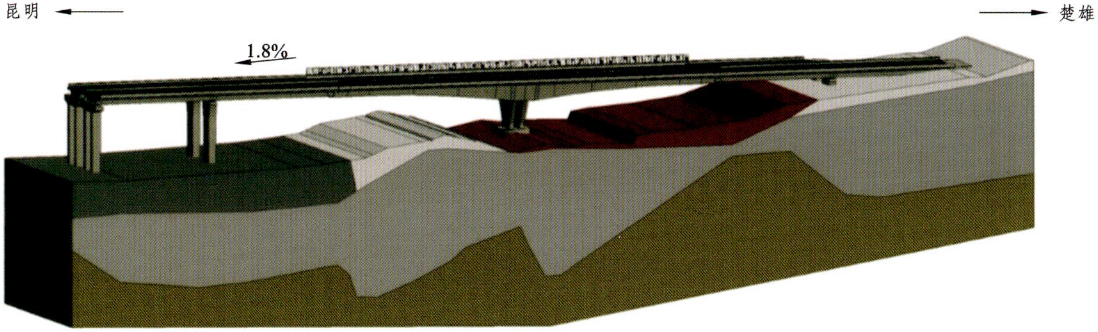

墩（台）布置：16号墩　17号墩　18号墩　19号墩　20号墩　21号墩（台）　22号台

说明：

1. 本图为大德大桥桥型布置图，由昆明至楚雄方向为右幅，楚雄至昆明方向为左幅。
2. 右幅孔跨布置为2×40 m连续箱梁+2×65 m T构连续梁+2×40 m连续箱梁，跨铁路主桥采用整幅布置形式，引桥采用分幅布置形式；左幅孔跨布置为 2×40 m连续箱梁+2×65m T构连续梁+1×40m简支箱梁，跨铁路主桥采用整幅布置形式，引桥采用分幅布置形式。
3. 梁部结构：跨铁路主桥采用单箱三室斜腹板箱形截面。
4. 下部结构：转体主墩（19号墩）采用双肢薄壁墩，16号墩采用高低盖梁形式的双柱式桥墩，17、18、20、21号墩采用花瓶型板式墩，桥台采用桩接盖梁形式的轻型桥台，基础均采用钻孔灌注桩基础。
5. 施工方法：跨铁路主桥联采用转体法施工，引桥采用支架现浇施工。
6. 为保证铁路运营安全，本桥采取如下措施：
1）桥上：车行道外侧采用SS级防撞防护栏，防护栏高度不小于1.3 m；
2）在跨铁路孔范围内防护栏上设置防抛网，防抛网高2.2 m，顶面距行车道面高度3.5 m；
3）跨铁路孔桥面上不设排水管，其上积水顺桥向流入其他桥孔后，由桥面排水系统排出桥面；
4）在18、19号桥墩处做接地处理。

施工图设计单位	×××	昆楚高速公路改扩建工程勤丰至和平试验段上跨成昆铁路立交桥工程	三维深化图 桥型布置图	制图	××	项目负责人	××	图号	001	日期	2018年06月
三维深化图单位	×××			审核	××	技术负责人	××				

图 3.3　桥梁孔跨布置示意图

主梁共设 2 道端隔墙、2 道中隔墙，端隔墙厚为 2 m，中隔墙厚度为 1.7 m，中隔墙上设置进人孔，端隔墙不设。为便于后期检修，在靠近端隔墙位置底板设置 D=80 cm 的进人孔。

梁体采用纵、横、竖向三向预应力体系，其中纵向预应力钢束采用 22-ϕ^s15.2、19-ϕ^s15.2、12-ϕ^s15.2 钢绞线，M15-22、M15-19、M15-12 圆形锚具或其他同类型产品，锚下控制张拉应力见预应力钢束布置图。预应力采用顶、腹、底板布束方式布置。桥面板横向预应力采用 4 – ϕ^s15.2 钢绞线、BM15-4 型锚具，两端张拉，间距 50 cm，锚下张拉控制应力为 1 375 MPa；端隔墙及中隔墙横向预应力采用 12-ϕ^s15.2、15-ϕ^s15.2 钢绞线，M15-12、M15-15 圆形锚具，两端张拉，锚下张拉控制应力为 1 395 MPa。竖向预应力设置在箱梁 0 号、1 号、2 号段，竖向预应力钢筋采用抗拉强度标准值 f_{pk}=785 MPa、直径 25 mm 的精轧螺纹钢筋，纵向间距 50 cm，锚具采用 YGM 锚具。相应 BIM 深化模型示意图如图 3.4 ~ 图 3.6 所示。

② 下部结构。

19 号转体主墩采用双肢薄壁墩，墩梁固结，墩高 10 m，单肢横桥向宽 16 ~ 8 m，顺桥向宽 1.5 m，两肢之间净距 2 m；转体承台采用上下双承台形式，上承台为圆形截面，直径 11m，厚 3.5 m，下承台为矩形截面，尺寸为 14.6 m（横桥向）×14.6 m（顺桥向）×4 m（厚度）；基础采用 9 根桩径 2.2 m 的钻孔灌注桩基础。

18 号、20 号墩为主、引桥的交接墩，采用矩形实体墩，墩高 18 m、15 m，横桥向宽 5.9 ~ 8.0 m，顺桥向宽 2.2 ~ 2.8 m；承台为矩形，尺寸为 8 m（横桥向）×8 m（顺桥向）×2.5 m（厚度）；基础采用 4 根桩径 1.8 m 的钻孔灌注桩基础。

相应 BIM 模型深化设计示意图如图 3.7 ~ 图 3.11 所示。

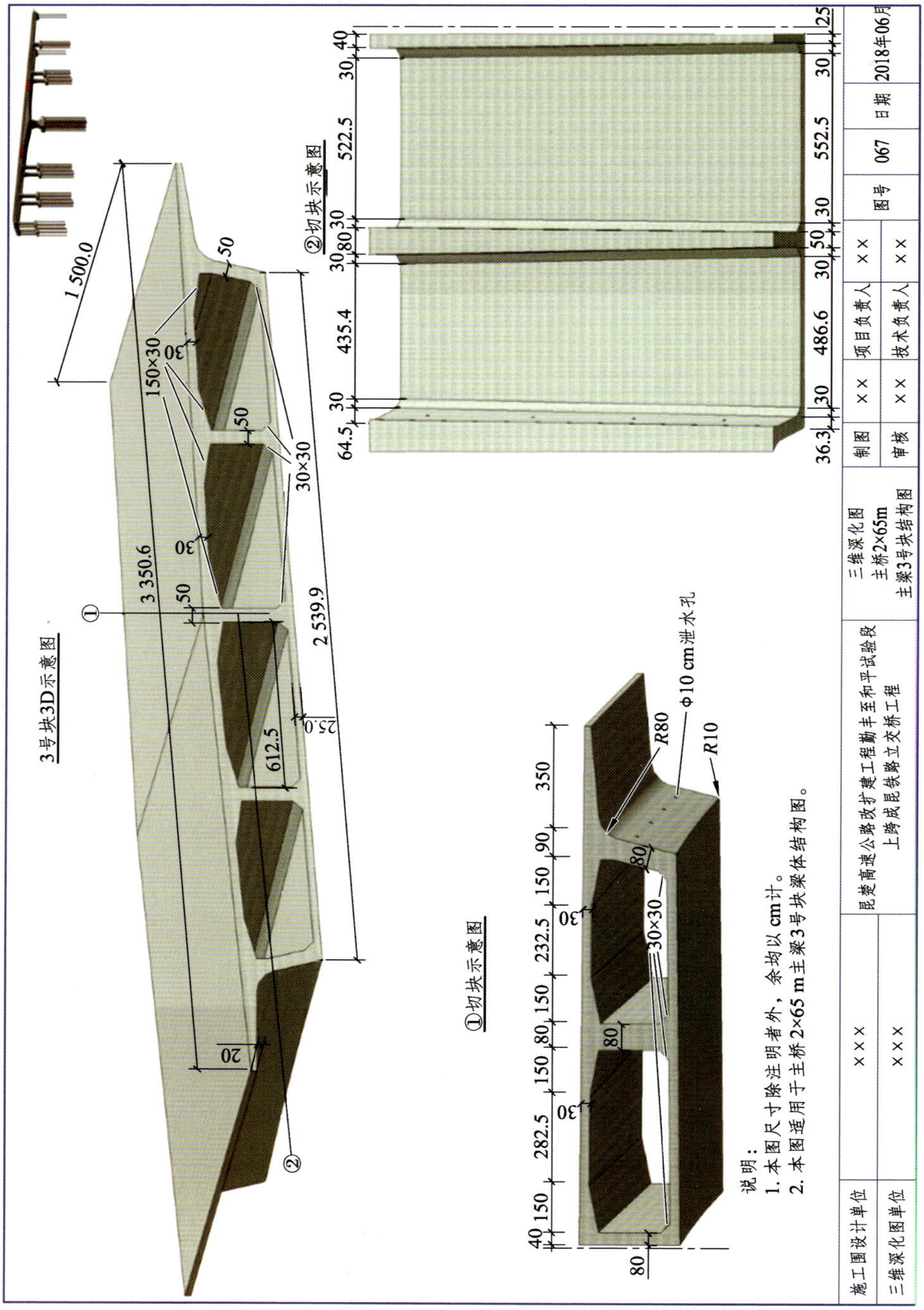

图 3.4　主梁 3 号块 BIM 深化模型示意图

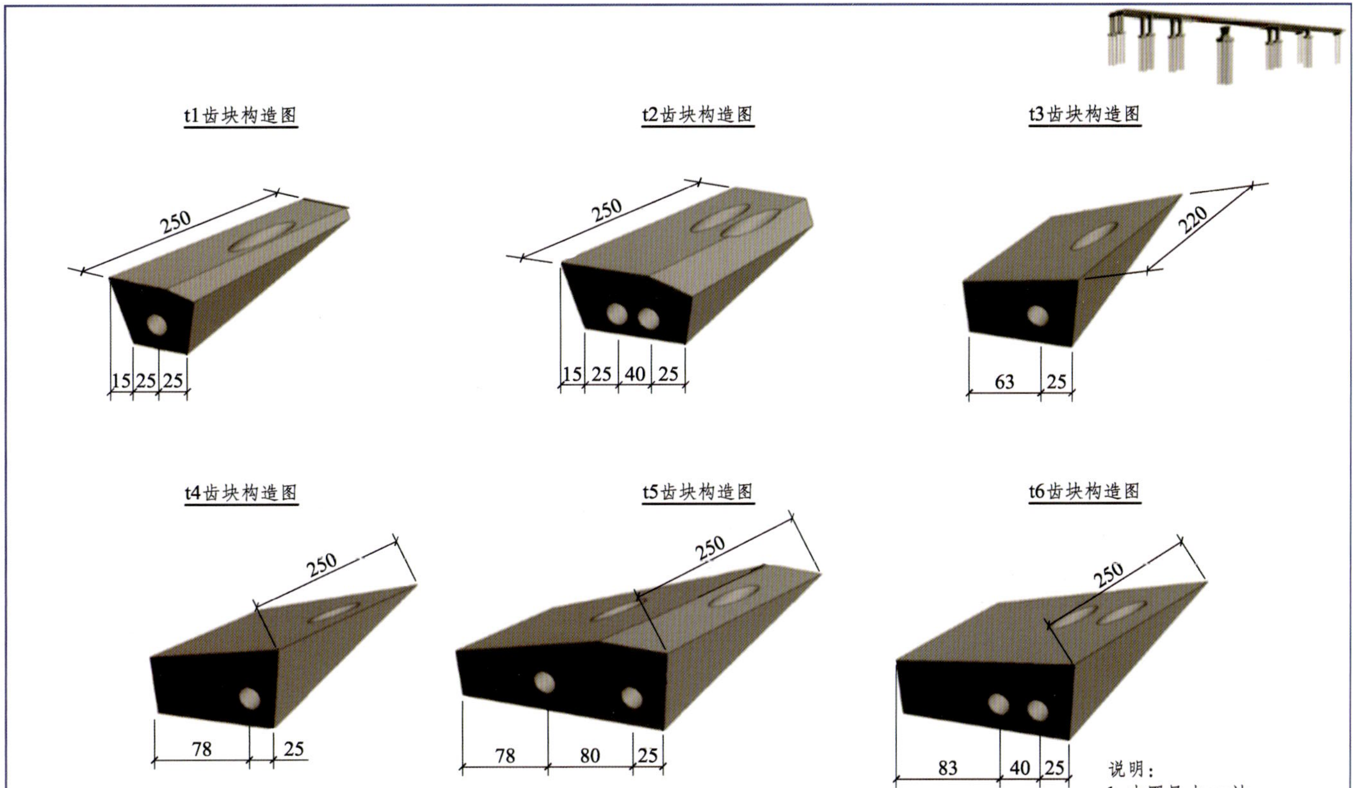

说明：
1. 本圈尺寸cm计。
2. 锯齿块采用C55混凝土。
3. 本图共5张，需配合使用。

施工图设计单位	×××	昆楚高速公路改扩建工程勤丰至和平试验段上跨成昆铁路立交桥工程	三维深化图 锯齿块三维构造图 （三）	制图	××	项目负责人	××	图号	072	日期	2018年06月
三维深化图单位	×××			审核	××	技术负责人	××				

图 3.5　锯齿块 BIM 模型深化设计模型示意图

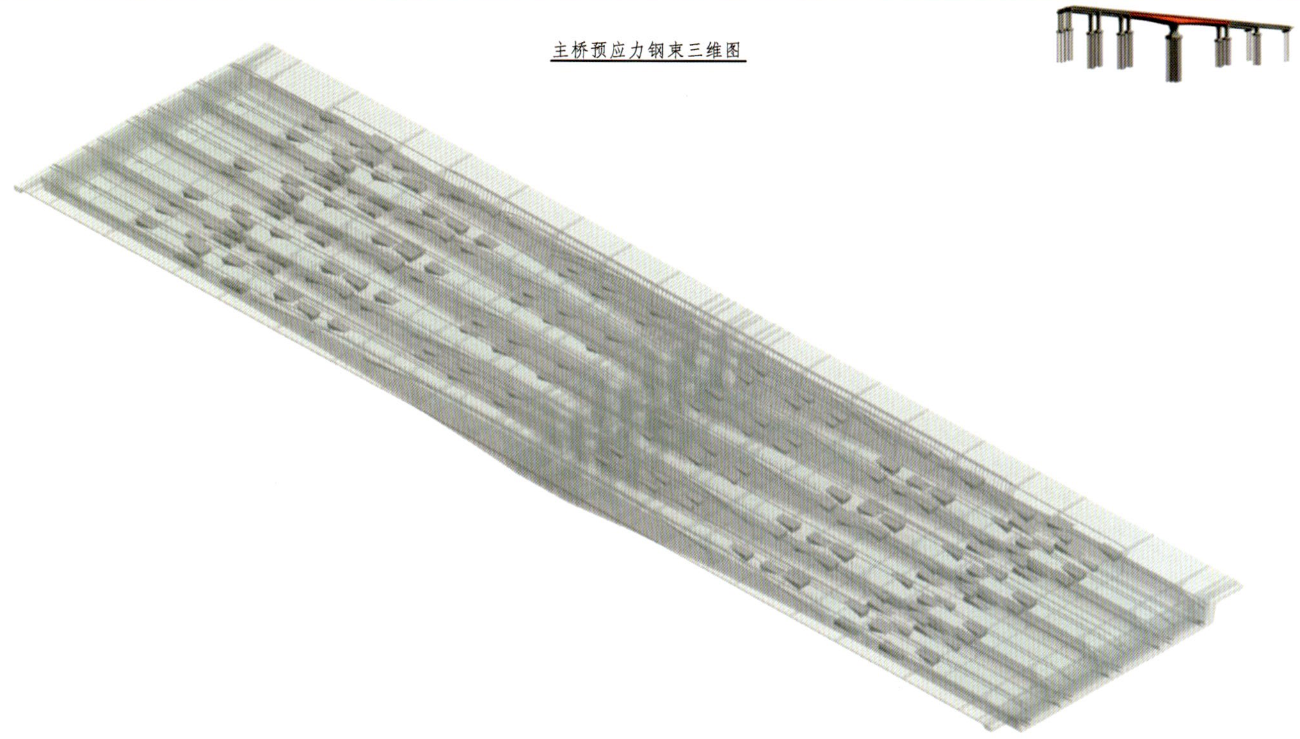

施工图设计单位	×××	昆楚高速公路改扩建工程勤丰至和平试验段上跨成昆铁路立交桥工程	三维深化图 主桥主梁横纵、竖向预应力布置图（一）	制图	××	项目负责人	××	图号	075	日期	2018年06月
三维深化图单位	×××			审核	××	技术负责人	××				

图 3.6　主梁预应力钢筋 BIM 模型深化设计示意图

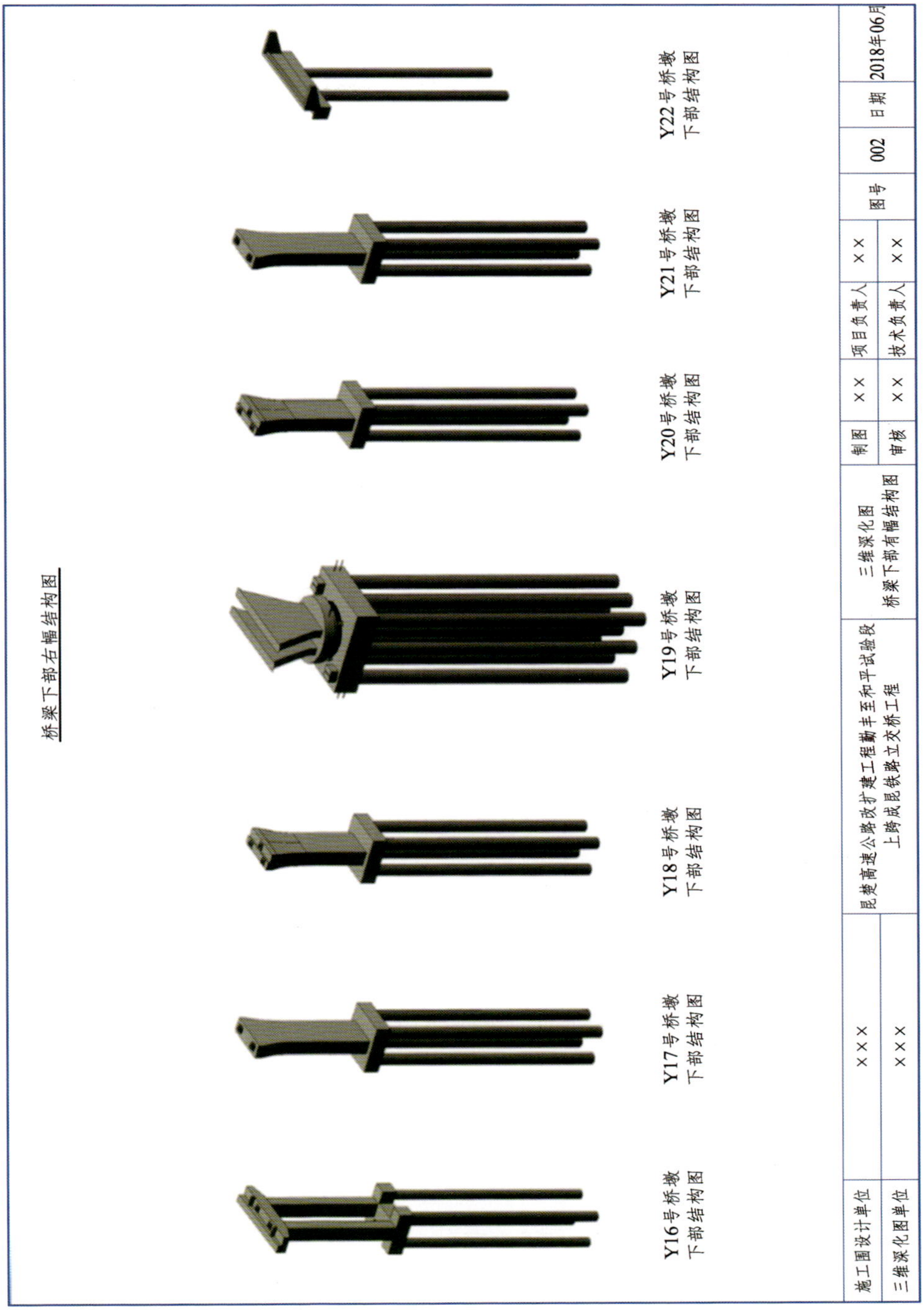

图 3.7　桥梁下部结构 BIM 模型深化设计示意图

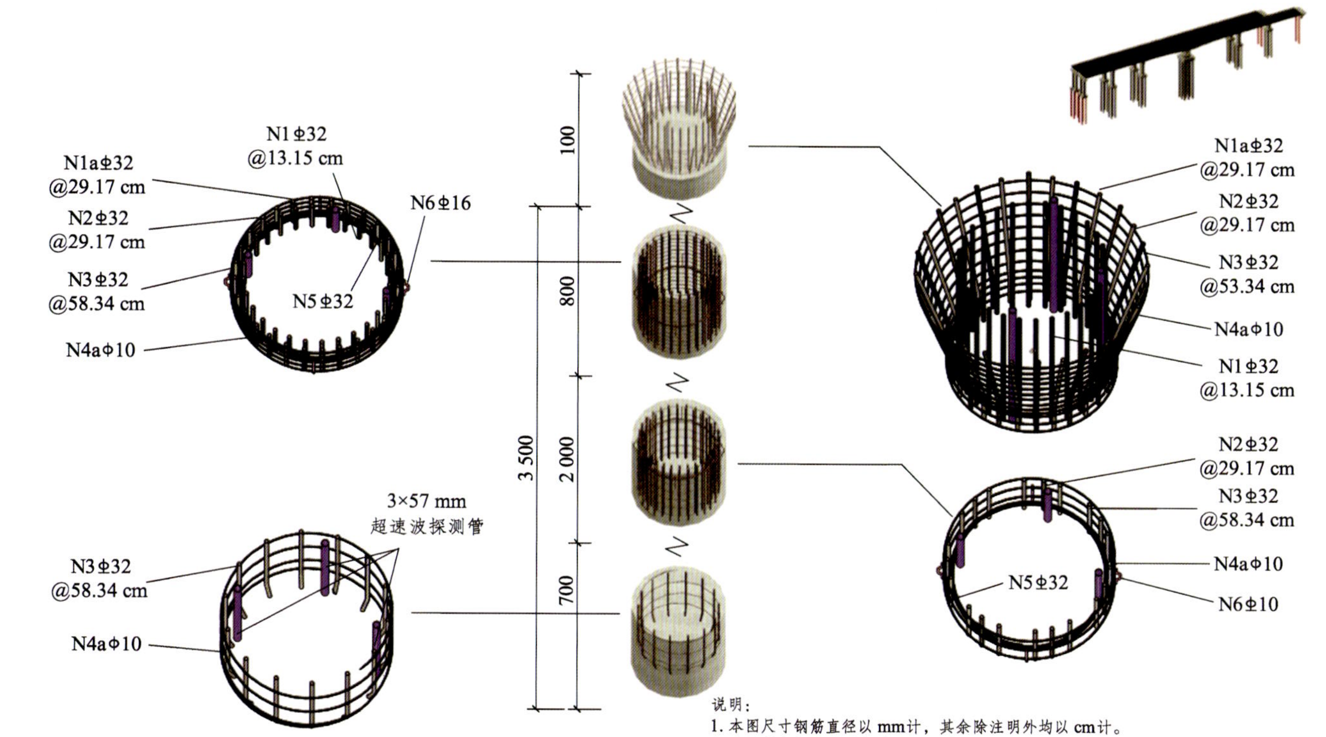

说明：
1. 本图尺寸钢筋直径以 mm计，其余除注明外均以 cm计。
2. 本图紫色柱状体为超声波检测管。
3. 成孔后应尽早灌注混凝土，桩底沉淀层厚度不大于 10 cm。
4. 桩顶8 m范围内螺旋钢筋间距为 10 cm，8~28 m范围内螺旋钢筋间距为 20 cm，其余螺旋钢筋间距为 30 cm，所有螺旋钢筋接头必须焊接连接，焊缝长度不小于 10 cm。
5. 本图适用于Z16、Y16号墩、Z21、Y22号台，共3张，施工时应配合使用。

施工图设计单位	×××	昆楚高速公路改扩建工程勤丰至和平试验段上跨成昆铁路立交桥工程	三维深化图 桩基钢筋布置图（一）	制图	××	项目负责人	××	图号	007	日期	2018年06月
三维深化图单位	×××			审核	××	技术负责人	××				

图 3.8　桩基础钢筋 BIM 模型深化设计示意图（1）

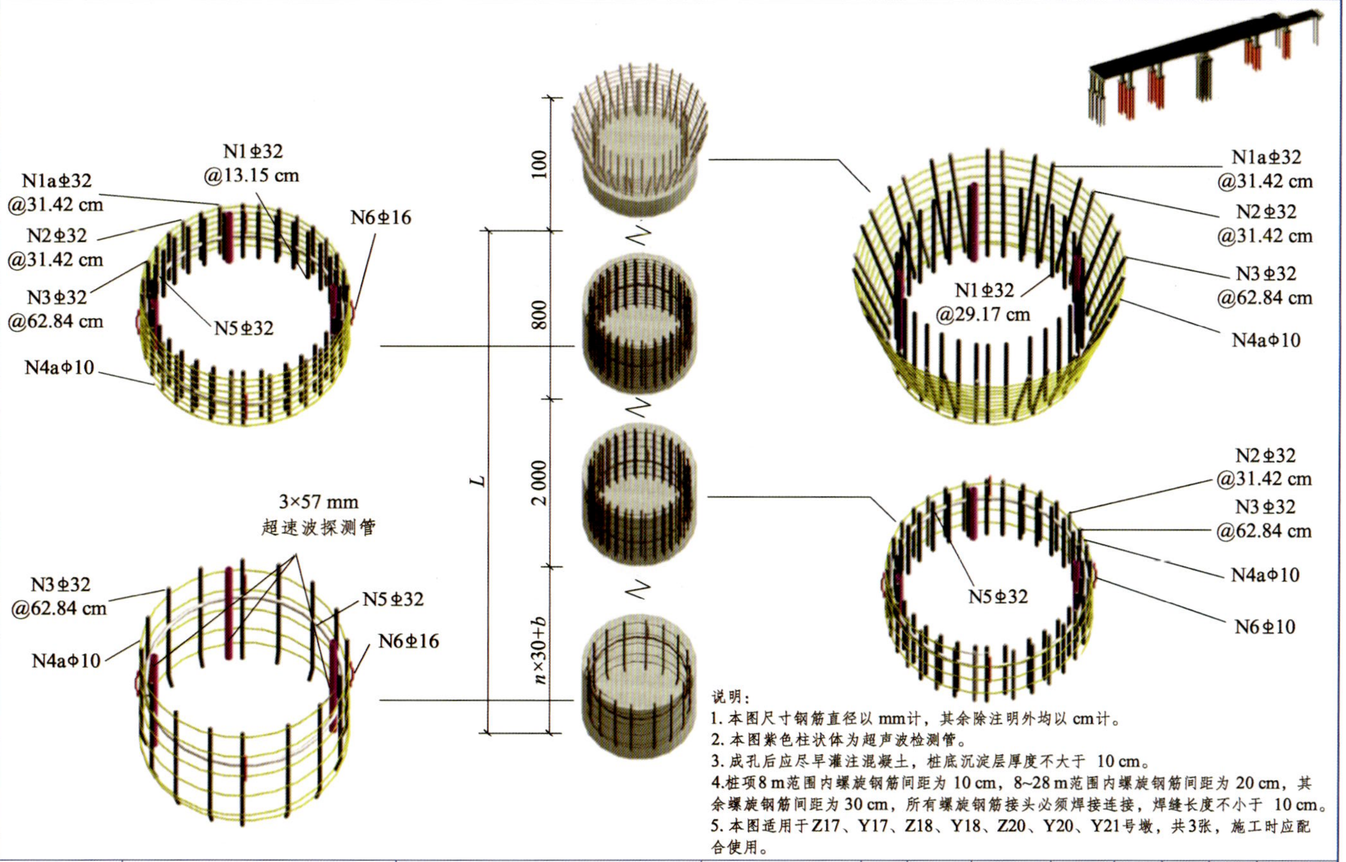

施工图设计单位	×××	昆楚高速公路改扩建工程勤丰至和平试验段上跨成昆铁路立交桥工程	三维深化图 桩基钢筋布置图（四）	制图	××	项目负责人	××	图号	010	日期	2018年06月
三维深化图单位	×××			审核	××	技术负责人	××				

图 3.9　桩基础钢筋 BIM 模型深化设计示意图（2）

转体结构下转盘三维图

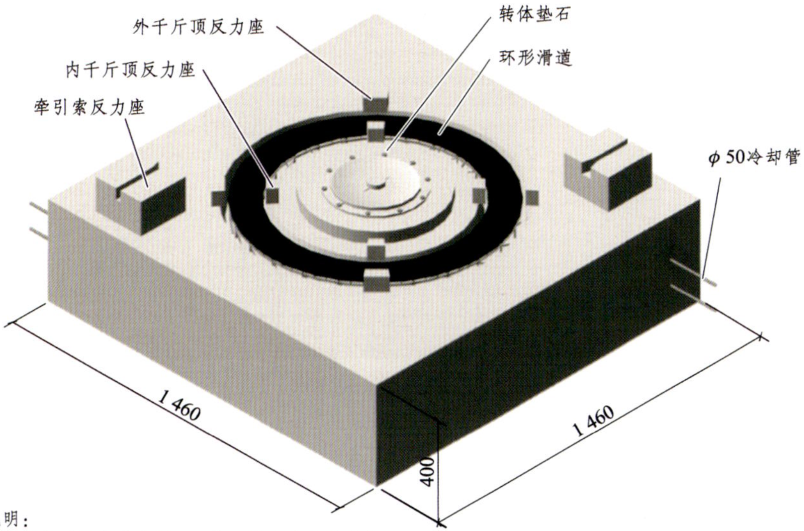

环形滑道单元三维图

牵引索反力座三维图

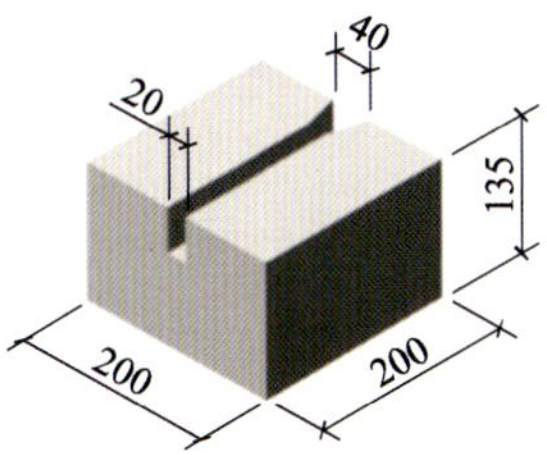

说明：

1. 本图尺寸钢筋直径以mm计，其余除注明外均以cm计。
2. 本图承台适用于19号转体系统下转盘结构。
3. 转体结构下转盘采用C40混凝土，下转盘结构共用C40混凝上852.6 m^3。
4. 环形滑道钢板为镀铬钢板，背面焊接加工后，顶面由工厂刨平，粗糙度6.3级，镀铬后再抛光。
5. 支架角钢之间连接处采用焊接（连续全周角焊缝，焊脚高4 mm）的方法连接，焊接必须严格遵守《建筑钢结构焊接技术规程JGJ8I-2002》相关规定。

下转盘参数表

名称	墩中心里程	转盘底标高/m	转盘顶标高/m	墩商H/m	混凝土工程量/m
下转盘	K61 +250.000	1 823.549	1 827.549	4	852.6

施工图设计单位	×××	昆楚高速公路改扩建工程勤丰至和平试验段上跨成昆铁路立交桥工程	三维深化图 转体系统下转盘结构图	制图	××	项目负责人	××	图号	017	日期	2018年06月
三维深化图单位	×××			审核	××	技术负责人	××				

图 3.10 转体系统下盘结构 BIM 模型深化设计示意图

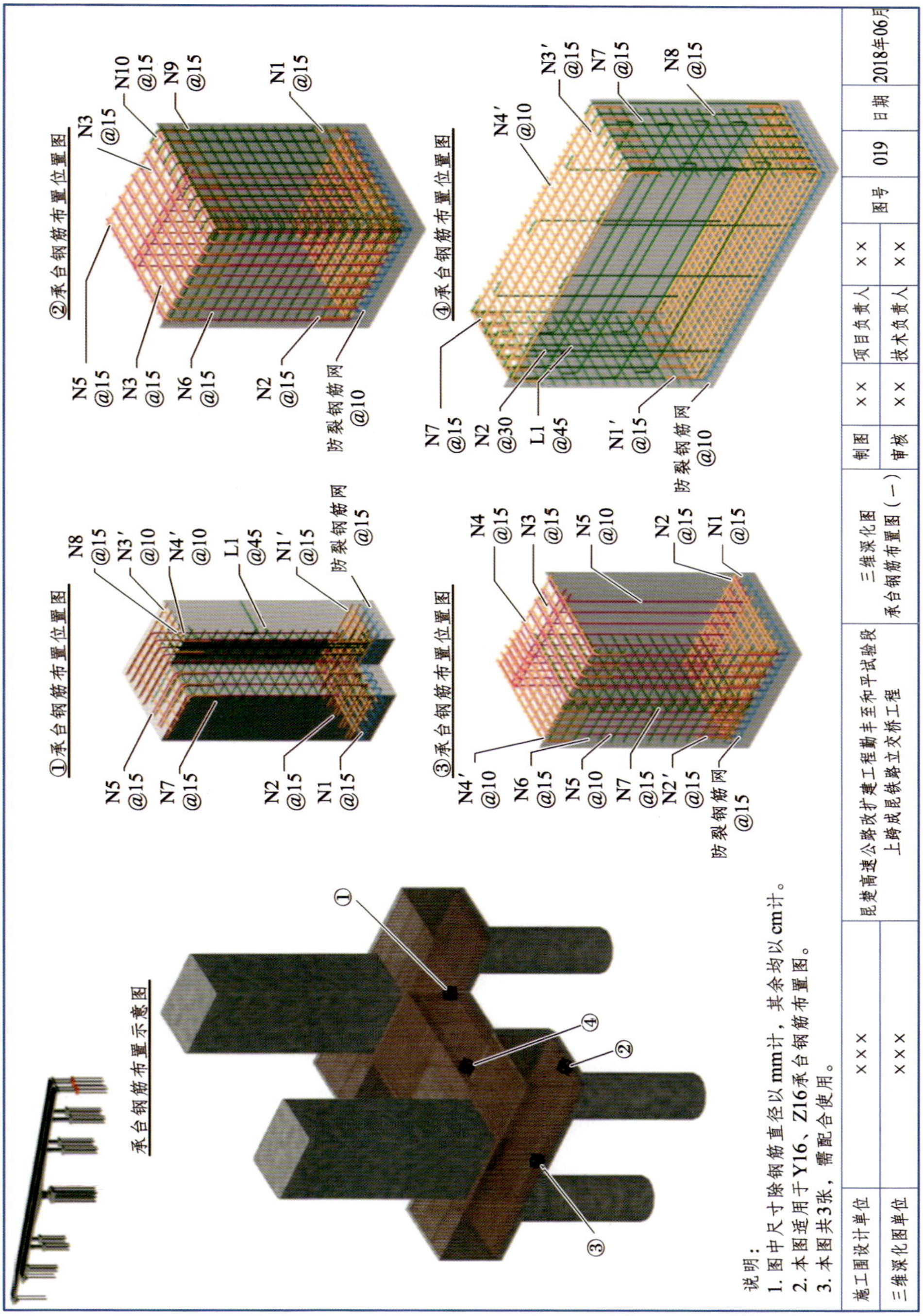

图 3.11　承台钢筋布置 BIM 模型深化设计示意图

（3）引桥——1-40 m 简支箱梁、2×40 m 连续梁。

① 上部结构。

主梁采用等高度连续梁，为单箱单室斜腹板截面，截面中心处梁高 2.5 m，梁顶面设 2%单向横坡。箱梁顶板桥面宽 16.5 m，底板宽 8.53 m，两侧悬臂板长各 3.5 m，悬臂板端部厚 20 cm，根部厚 55 cm。顶板厚 30 cm，在支点处加厚至 75 cm；底板厚 25 cm，在支点处加厚至 70 cm；腹板厚度 60 cm，在支点处加厚至 115 cm。

1-40 m 简支箱梁主梁共设 2 道端隔墙，隔墙厚 2 m，端隔墙不设进人孔。为便于后期检修，在靠近端隔墙位置底板设置 D=80 cm 的进人孔。

2×40 m 连续箱梁主梁共设 2 道端隔墙、1 道中隔墙，隔墙厚均为 2 m，中隔墙上设置进人孔，端隔墙不设。为便于后期检修，在靠近端隔墙位置底板设置 D=80 cm 的进人孔。

梁体采用纵、横向双向预应力体系，其中纵向预应力钢束采用 17-ϕ^s15.2、15-ϕ^s15.2 钢绞线，M15-17、M15-15 锚具或其他同类型产品，锚下控制张拉应力见预应力钢束布置图。预应力采用顶、腹、底板布束方式布置。桥面板横向预应力采用 4-ϕ^s15.2 钢绞线、BM15-4 和 BM15-4P 型锚具，单端交错张拉，间距 50 cm，锚下张拉控制应力为 1 375 MPa；端隔墙及中隔墙横向预应力采用 12-ϕ^s15.2、7-ϕ^s15.2 钢绞线，M15-12、M15-7 锚具，两端张拉，锚下张拉控制应力为 1 395 MPa。

② 下部结构。

16 号墩为引桥现浇箱梁与预制小箱梁交接墩，小里程侧接 30 m 预制小箱梁，大里程侧接 2×40 m 连续现浇箱梁，采用高低盖梁形式的双柱墩，墩柱高 20 m。盖梁横向宽 15.2 m，顺桥向宽 2.8 m，厚 2 m；单柱截面尺寸为 2.0 m（横桥向）×2.6 m（顺桥向），两柱横向中心距 7.0 m；两柱之间设 2 道横系梁，截面尺寸为 1.8 m（宽）×2 m（高）。承台为工字型，尺寸为 9.5 m（横桥向）×7.5 m（顺桥向）×2.5 m（厚度）；基础采用 4 根桩径 1.5 m 的钻孔灌注桩基础。

17 号、Y21 号墩为中间墩，采用矩形实体墩，墩高分别为 21 m、7 m，横桥向宽 5.9 ~ 8.0 m，顺桥向宽 2.4 m；承台为矩形，尺寸 8.0 m（横桥向）×8.0 m（顺桥向）×2.5 m（厚度）；基础采用 4 根桩径 1.8 m 的钻孔灌注桩基础。

Z21 号、Y22 号桥台采用桩接盖梁式轻型桥台，横向宽 16.5 m，背墙厚 60 cm，盖梁高 200 cm、宽 230 cm。基础采用 2 根桩径为 1.5 m 钻孔灌注桩。

（4）附属结构。

① 桥面铺装。

桥面铺装共分两层：上层为 4 cm 细粒式沥青混凝土，下层为 6 cm 中粒式沥青混凝土。

② 桥面调平层。

桥梁梁顶调平层采用 C50 混凝土，桥面调平层厚度为 8 cm。

③ 桥面防水层。

在梁顶水泥混凝土调平层顶面和桥面沥青混凝土铺装层之间设置防水层，防水层采用三涂 FYT-1 改进型桥面专用防水层或其他同类型防水层。

④ 支座。

支座采用 JPZ（Ⅲ）型盆式橡胶支座。

⑤ 伸缩装置。

梁端设置伸缩缝装置，伸缩缝装置采用 D80 及 D160 型伸缩缝。

⑥ 桥面排水系统。

桥面上不设排水管，其上积水顺桥向流入其他桥孔后，由桥面排水系统排出桥面。

地面排水系统应单独设置，禁止将桥面雨水排入铁路排水系统内。

⑦ 防护栏。

本桥跨铁路主桥桥面两侧采用SS级混凝土防撞护栏，护栏顶距路面高度1.3 m，其余采用SA级混凝土防撞护栏，护栏顶距路面高度1.1 m。

⑧ 防护网。

高度：跨越铁路孔及相邻桥孔范围内桥面外侧应按《铁路工程设计防火规范》（TB 10063—2007）设置防护网。本桥在主桥桥面两侧在SS级防撞护栏顶设置2.2 m高防抛网。

⑨ 防雷接地。

本桥在18号及19号桥墩处做接地处理，接地电阻$R \leqslant 10\ \Omega$。

3.2.3.5 设计查错及优化内容

（1）图纸错误。

正式开工前，三维深化图单位针对原施工图将提交图纸错误整理报告，业主单位可将该图纸错误问题整理信息及时反馈给施工图设计单位，以便原施工图设计单位确认及修改。

（2）碰撞检查。

正式开工前，三维深化图单位将提供本工程的碰撞报告，尤其是针对预应力钢束与钢筋之间的碰撞问题提出可调整的优化方案，以便原施工图设计单位进行优化调整和施工单位现场布置。

（3）图纸使用。

本三维深化图图纸仅作为辅助施工使用（含技术交底），需配合原设计施工图共同使用。

3.3　工作流程及实践总结

在该阶段，项目按照“建立模型标准—建立构建编码体系—BIM 模型建立—完善数据构造—拓展 BIM 应用”的思路进行工作。项目使用软件及平台如表 3.3 所示。

表 3.3　本项目协同设计使用软件一览

项目涉及的软件	使用用途
Revit	BIM 模型搭建、构件参数化建模
Navisworks	施工进度仿真、施工动画、数据管理
Infraworks	整合地形、公路及桥梁模型
Civil 3D	地形建模
Lumion	渲染及展示
项目 BIM 信息管理平台	信息集成、数据协同与应用

本项目的 BIM 协同设计的最大特点是打破传统建模方式，经过实践摸索出一套适合后续施工管理的建模方式，即以分部分项验收规则为指导进行建模。该方法为实现设计-施工一体化协同设计指明了方向并奠定了后续研究基础。该协同设计的具体步骤如下：

第一步：按分部分项验收规则进行构件拆分。

根据业主提供的桥梁图纸，结合桥梁质量验收规范，将模型按照分部分项验收规则进行构件拆分。

第二步：对拆分后的构件进行编码设置。

本项目为了方便后期施工精细化管理，按照以下方法进行设置。详见表 3.4。

表 3.4　项目编码体系构成及示例

项目名称	分部工程名称	分项工程名称	文件描述（扩展）
DDDQ （大德大桥）	XB （下部）	墩柱 C40 （墩柱 C40）	19 （19 号墩柱）

第三步：对模型元素进行编码。

项目采用工程部位—材质—扩展描述的方式进行编码。实践证明，传统 CAD 设计图纸具有表达不直观、图纸设计容易出错的缺陷，而基于 BIM 技术的参数化建模技术能够较好地解决该问题。另外，BIM 建模技术与传统 CAD 模式相比，在参数化建模方面具地无可比拟的优势。其思路是将构件尺寸进行参数化设计，通过改变参数数值使得模型能够灵活改变，大幅度节约设计效率。

第四步：基于 BIM 技术的桥梁碰撞检测。

项目的碰撞检测涉及构件之间、钢筋与钢筋之间、结构深化模型、钢筋深化模型、机电专业深化模型、预埋件等碰撞检测。每一种产生的碰撞点都可能造成项目返工甚至影响项目工期，因此碰撞检测是项目的重要应用点。项目的碰撞检测技术路线如图 3.12 所示。

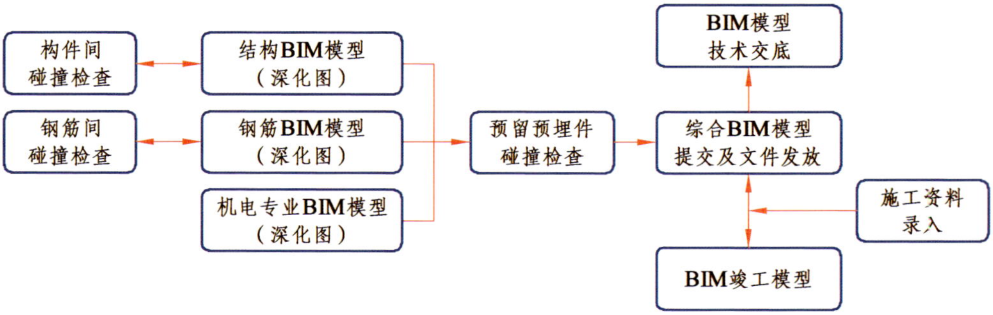

图 3.12　项目碰撞检测技术路线

第五步：将协同设计信息上传至 BIM 信息管理平台。

第 4 章　基于 BIM 技术的施工进度控制实践

4.1　传统进度管理模式及其弊端

4.1.1　传统进度管理的几种模式

4.1.1.1　甘特图

甘特图（Gantt chart）又称为横道图、条状图（Bar chart）。其通过条状图来显示项目、进度和其他与时间相关的系统进展的内在关系随着时间进展的情况。常见的甘特图形式如图 4.1 所示。

甘特图的优点：

① 图形化概要，技术通用，易于理解。

② 中小型项目一般不超过 30 项活动。

③ 有专业软件支持，无须担心复杂计算和分析。

甘特图的局限：

① 甘特图事实上仅仅部分反映了项目管理的三重约束（时间、成本和范围），因为它主要关注进程管理（时间）。

② 软件的不足：尽管能够通过项目管理软件描绘出项目活动的内在关系，但是如果关系过多，纷繁芜杂的线图必将增加甘特图的阅读难度。

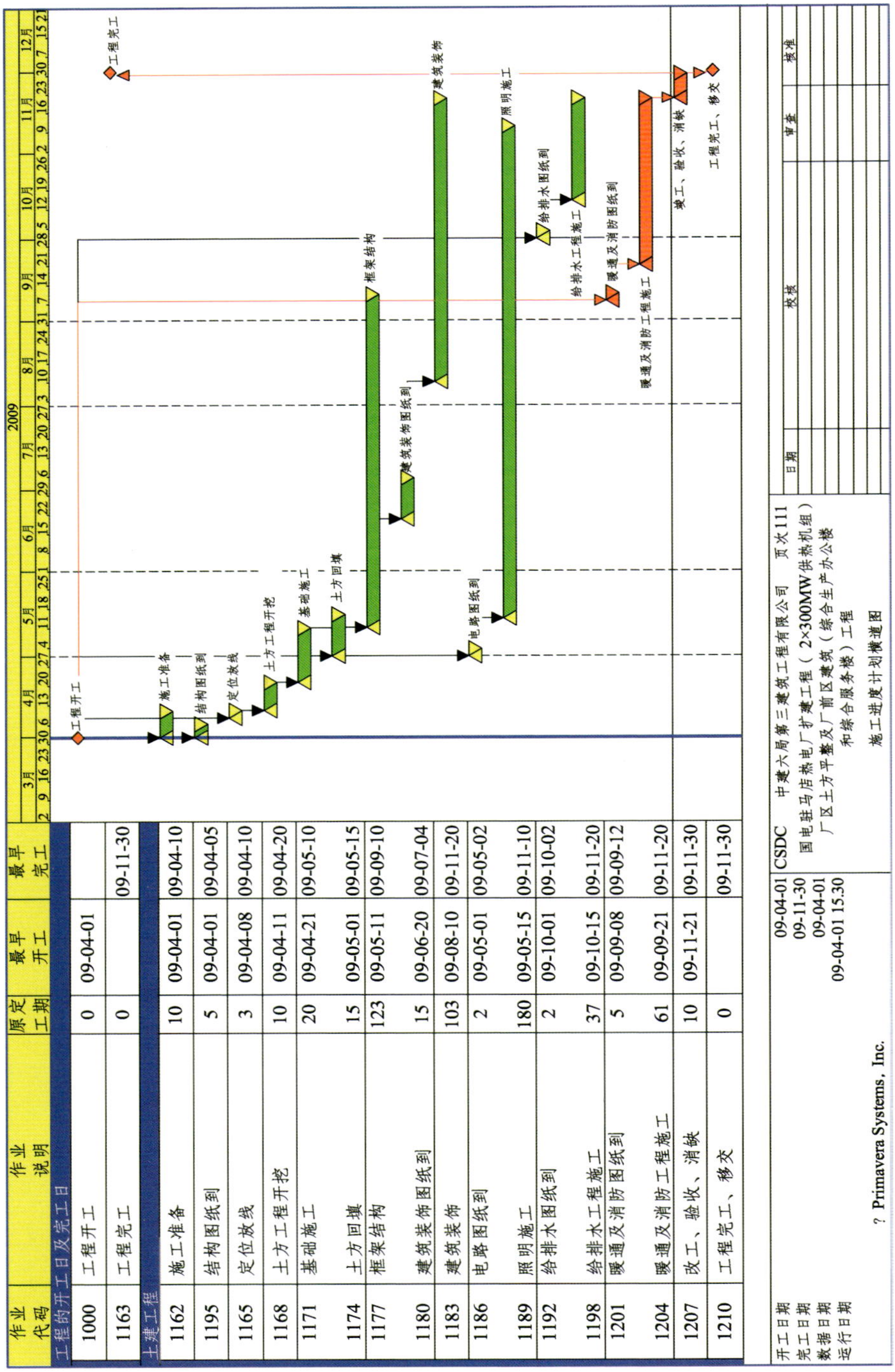

图 4.1 常见的甘特图形式示意图

4.1.1.2　网络计划技术

网络计划即网络计划技术（Network Planning Technology），是指用于工程项目的计划与控制的一项管理技术。它是 20 世纪 50 年代末发展起来的，依其起源有关键路径法（CPM）与计划评审法（PERT）之分。CPM 主要应用于以往在类似工程中已取得一定经验的承包工程，PERT 则更多地应用于研究与开发项目。网络计划技术包括以下基本内容：

（1）网络图。

网络图是指网络计划技术的图解模型，反映整个工程任务的分解和合成。分解，是指对工程任务的划分；合成，是指解决各项工作的协作与配合。分解和合成是各项工作之间逻辑关系的有机组成。绘制网络图是网络计划技术的基础工作。

（2）时间参数。

在实现整个工程任务的过程包括人、事、物的运动状态变化。这种运动状态都是通过转化为时间函数来反映的。反映人、事、物运动状态的时间参数包括：各项工作的作业时间、开工与完工的时间、工作之间的衔接时间、完成任务的机动时间及工程范围和总工期等。

（3）关键路线。

通过计算网络图中的时间参数，求出工程工期并找出关键路径。在关键路线上的作业称为关键作业，这些作业完成的快慢直接影响着整个计划的工期。在计划执行过程中，关键作业是管理的重点，在时间和费用方面则要严格控制。

（4）网络优化。

网络优化，是指根据关键路线法，通过利用时差，不断改善网络计划的初始方案，在满足一定约束的条件下，寻求管理目标达到最优化的计划方案。网络优化是网络计划技术的主要内容之一，也是较之其他计划方法优越的主要方面。

按照《工程网络计划技术规程》(JGJ/T 121—99)，我国的网络计划有四种，分别是：双代号网络计划、单代号网络计划、双代号时标网络计划、单代号搭接网络计划。网络计划如图 4.2 所示。

网络计划技术既是一种科学的计划方法，又是一种有效的生产管理方法。网络计划最大的特点就在于它能够提供施工管理所需要的多种信息，有利于加强工程管理，它有助于管理人员合理地组织生产，做到心里有数，知道管理的重点应放在何处，怎样缩短工期，在哪里挖掘潜力，如何降低成本。在工程管理中提高应用网络计划技术的水平，可以进一步提高工程管理的水平。但是传统网络计划模式最大的缺点是没有将进度计划与 BIM 三维模型进行关联，进度管理并不直观。

4.1.1.3 经验主义

在实际调研过程中发现，很多项目的进度控制还停留在经验主义阶段，也就是项目工长管理施工人员的时候靠经验，项目经理管工长的时候靠经验。甚至是很多项目上虽然做了相应的进度、资源和成本计划，但是真正实施的时候却完全依靠经验而不是科学管理方法，因此在实践中经常出现进度偏差，甚至会影响整个项目按期完成。

4.1.2 传统进度管理模式的弊端

4.1.2.1 传统方法相对落后，信息无法实现联动

传统进度管理方式采用甘特图或网络计划方式，能够将工作与时间参数关联进行简单的工期参数计算，确定关键线路等工作。但是随着信息时代的来临，工程信息化已经成为大势所趋，现代项目管理信息化要求整个工程以 BIM 模型为依托，能

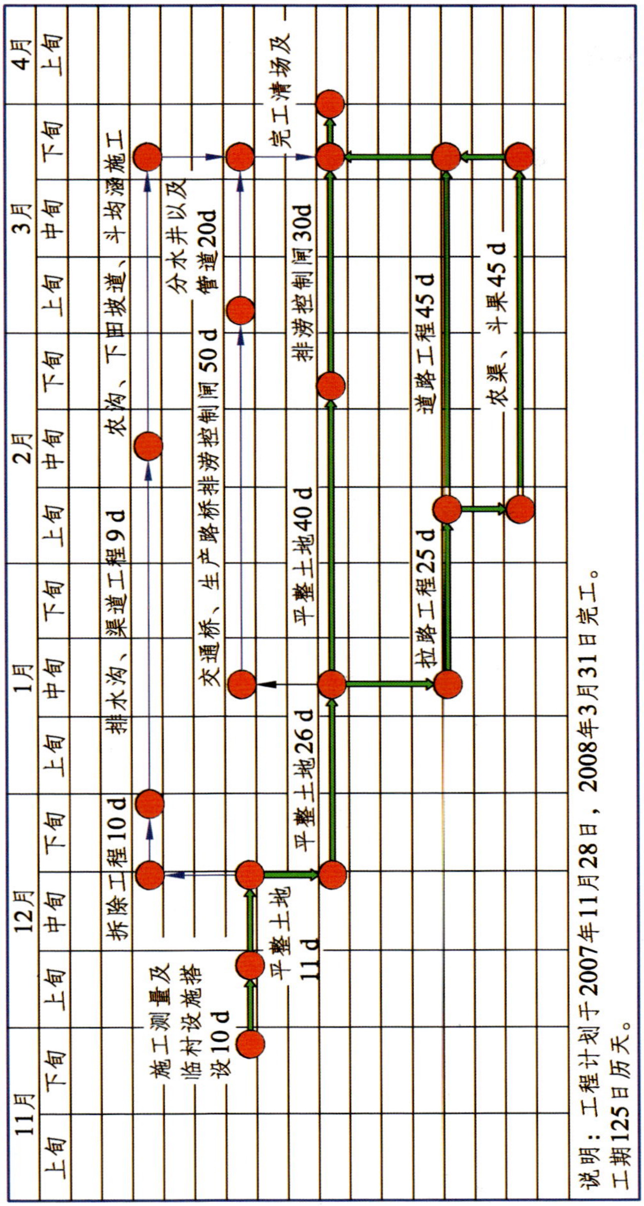

图 4.2　常见的双代号网络计划示意图

够实现多种管理目标的集成化与联动管理。而传统手段仅仅完成了单位时间段内的工程量计算以及累计工程量的计算，与其他管理目标之间的信息很难实现较好的关联，信息价值仍有很大的挖掘空间。

4.1.2.2 传统模式很难将建造过程直观体现出来

传统进度管理方式最大的特点是将工程进度以平面节点计算图的方式进行展示，当工作数量多了以后，无论是甘特图还是网络计划都会造成图面信息量过大，工程进度信息难以直观体现出来。对于管理人员来说，大量非直观信息只会造成决策效率降低，难以抓住重点。传统进度管理工具的局限性就决定了其很难将工程进度数值信息与三维实体模型进行关联，也无法直观地观察到随着进度的变化，工程进度的整体推进情况。现代信息化管理的要求是管理人员能够通过直观的三维信息了解项目的进度，运用专业知识对项目进度进行控制和管理。

4.1.2.3 传统模式很难将信息集成传递

传统模式利用单机版软件进行进度计划的编制，通常该过程需要由专业的进度管理工程师完成。除了前面所述的两个弊端之外，更大的问题是传统模式做出来的进度计划信息很难与后期的成本、质量、安全、资源等信息进行集成和关联，进度信息也很难随着工程建设进度的推进而传递。这样的话，进度进化的信息价值就没有得到充分发挥。

4.2 基于 BIM 技术的施工进度管理

4.2.1 工作的技术路线

基于 BIM 技术的施工进度管理的技术路线的中心思想是对

计划进度与实际进度进行比较，发现偏差，根据网络计划的知识，当工作的进度偏差超过该工作的总时差的时候，就会对工期产生影响，对于这样的工作就要进行纠偏。通常纠偏的方式包括：技术手段、管理手段、经济手段、管理手段等。对于进度偏差较小，不会影响工期的工作，可以合理利用工作本身具有的总时差对其工作开始时间进行相应的调整。该工作的技术路线如图 4.3 所示。

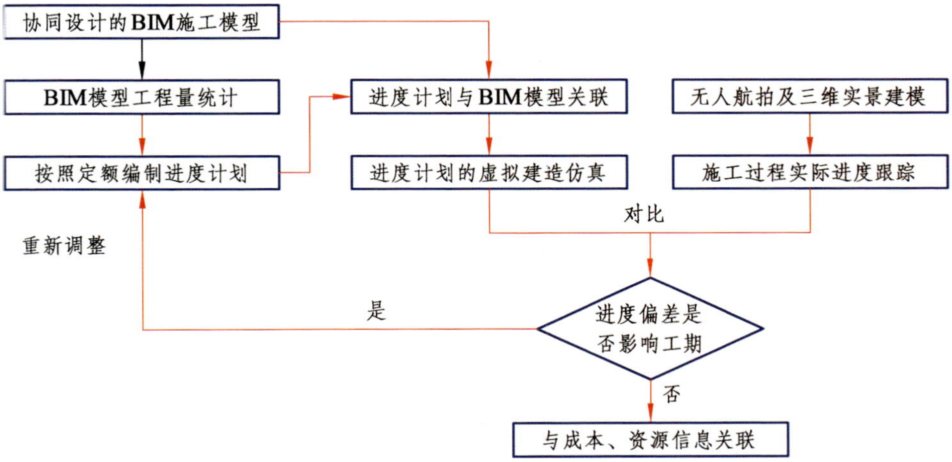

图 4.3 基于 BIM 技术的施工进度管理的技术路线

4.2.2 计划进度 BIM 施工虚拟建造模拟

项目计划进度 BIM 施工虚拟建造的思路是将构件的施工时间设置在时间轴上，让施工动画发生的时间与构件进行关联，这样可以形象直观地看到随着时间的推移，项目的形象进度变化情况，详见图 4.4。

图 4.4　基于 BIM 技术的施工进度仿真模拟

建造进度仿真

4.2.3　无人机航拍三维实景模型实际进度跟踪

前文所述方法可以比较容易地得到项目的计划进度仿真模拟，但是在实际施工的时候，可能因为各种原因导致实际进度与计划进度相比产生很大的偏差。因此，还需要采用一些技术手段来收集实际进度的进行情况，以便和计划进度对比。实际进度信息的收集需要采取两种手段配合实现。

第一种手段是利用进度完成信息表将每日班组完成信息进行汇总。具体做法是施工单位负责该工作的人员，每日在工作结束时将工作实际完成情况录入系统，由系统自动生成当日实际进度完成情况汇总，再由项目经理签字确认。该表格的制作可根据项目管理的具体要求，时间间隔可根据要求按天或按周进行设计。具体样式如表 4.1 所示。

表 4.1　项目实际进度信息收集表

信息录入人：	录入日期：
工作 A	
工作 B	
⋮	
工作 X	
	信息审核人：

第二种方法是利用无人机航拍技术，航拍生成三维实景模型以及 360°全景模型。具体做法是：选择合适的无人机进行正向摄影和倾斜摄影，获得现场施工的照片数据，通过专业处理软件将照片生成三维实景模型，然后反映出目前实际施工情况的真实影响，详见图 4.5。

图 4.5　无人机三维实景建模

三维实景建模

实际工作时，需要将第一种和第二种方法结合起来。第一种方法可以收集准确的实际进度数据，第二种方法可以直观地看到实际进度的进展情况，两种方法相辅相成。

4.2.4 进度偏差比对及纠偏

如前文所述，用计划进度与实际进度相比就会发现两者之间存在偏差。传统的对比方式有前锋线法、表格对比法。

前锋线法就是利用网络计划，根据实际检查的情况，在网络计划图上标注检查时刻每个工作的具体完成情况，对实际完成进度与计划完成进度进行比较，发现两者之间的偏差。在这种方法中，还要利用网络计划参数计算中的规则，确定每一项检查工作的最早开始时间、最早完成时间、最迟开始时间、最迟完成时间、总时差、自由时差等参数，然后利用进度偏差和该工作的总时差进行对比，如果偏差超过总时差就会造成工期延误。如图 4.6 所示。

表格法和前锋线法类似，就是将计划进度与实际进度信息利用列表的方式进行对比。如表 4.2 所示。

这两种方法可以用于对比实际进度与计划进度之间的偏差，但是并不直观，基于 BIM 技术的进度管理通常是以 BIM 模型为依托，将实际进度的执行情况关联至 BIM 模型中，利用 BIM 模型进行可视化展示。如图 4.7 所示。

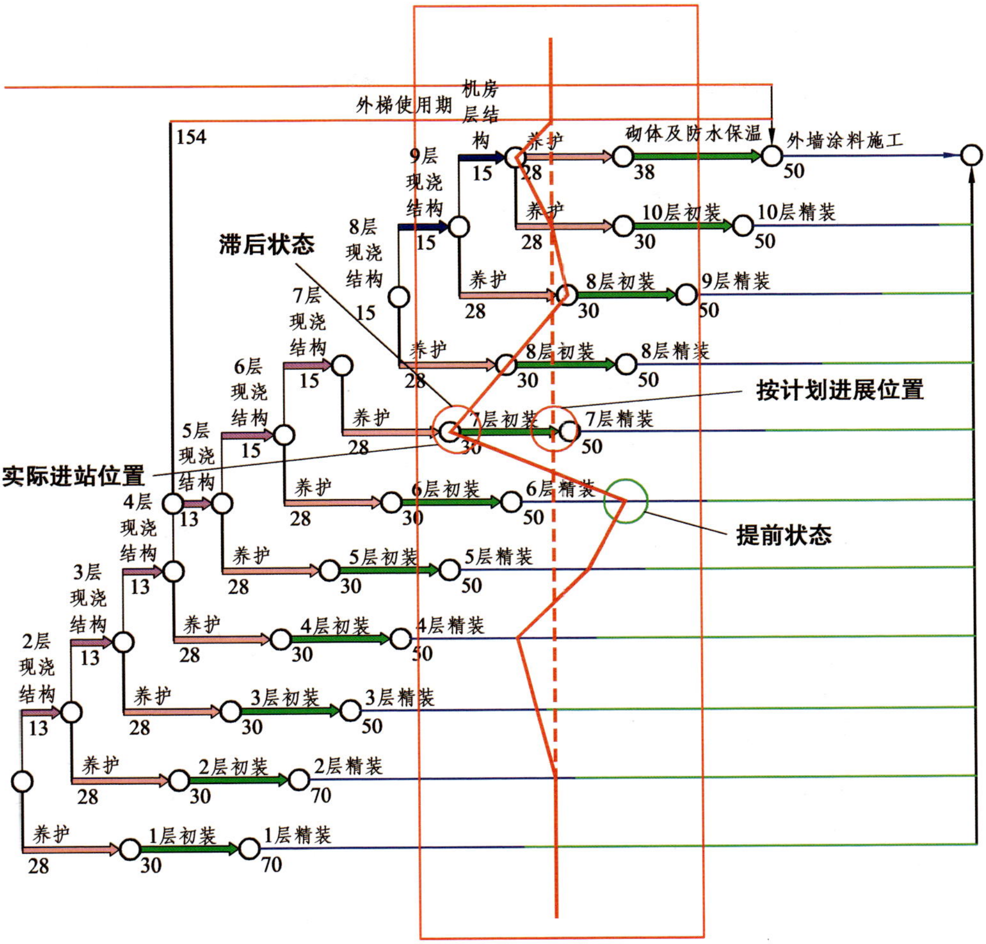

图 4.6　前锋线法进行进度偏差对比

表 4.2　项目实际进度信息收集表

工作名称	计划进度	实际进度	进度偏差	总时差	进度影响
××工作					
××工作					
××工作					

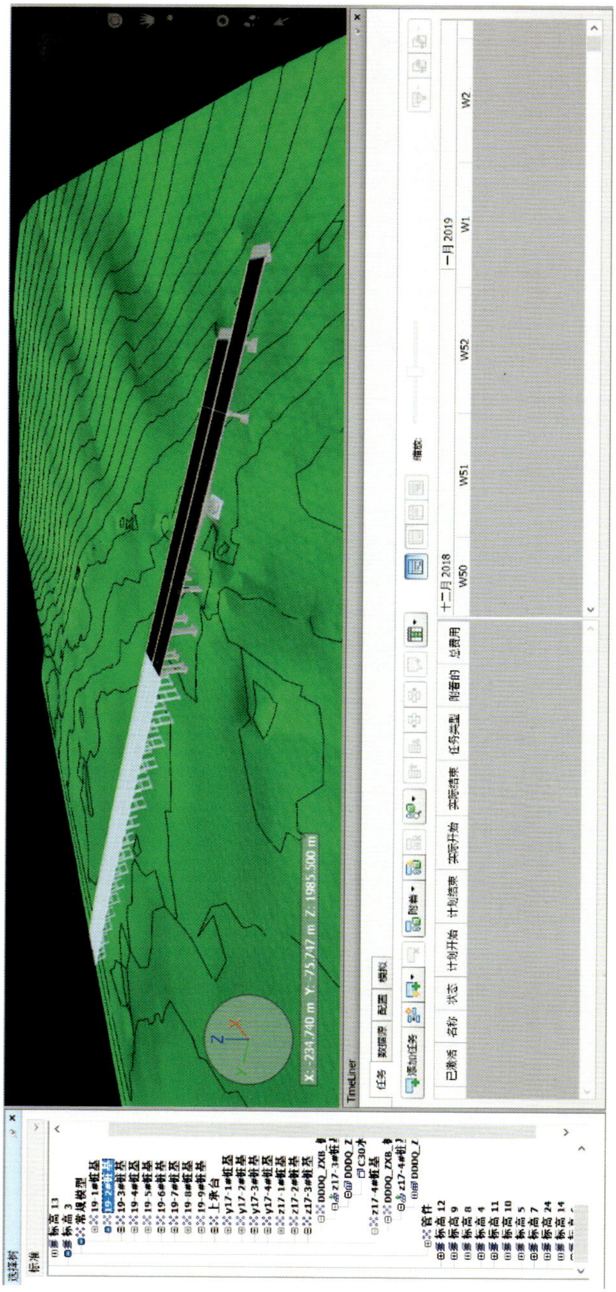

图 4.7 项目实际进度与计划进度对比

此外，在进行实际进度和计划进度对比的时候，本项目采用了无人机定期跟踪拍摄的方式，利用无人机定期到施工现场进行航拍并生成三维实景模型，将三维实景模型处理成实际进度视频以备查看。

无人机航拍

4.2.5　进度、成本、资源信息联动处理

在整个项目管理过程中，进度、成本、资源三者除了可以和 BIM 模型进行关联之外，还可以和时间坐标进行关联。因此，本项目将进度计划与成本、资源进行关联，产生信息联动，这样，在进行实际进度与计划进度比较的时候，除了可以观察进度产生的偏差以及对工期的影响，还可以实时统计出单位时间内需要消耗的成本以及人工、材料、机械等资源，这样就便于项目进行更好的统筹规划。

4.3　工作流程及实践总结

在该阶段，项目按照“建立模型标准—建立构建编码体系—BIM 模型建立—完善数据构造—拓展 BIM 应用”的思路进行工作。项目使用软件如表 4.3 所示。

表 4.3　本项目进度管理使用软件一览表

项目涉及的软件	使用用途
Navisworks	进度仿真、实际进度信息集成、进度对比
无人机	航拍照片数据获取
Context Capture	航拍照片生成三维实景模型
Civil 3D	地形建模
Lumion	三维模型渲染及动画制作
项目 BIM 信息管理平台	信息集成、数据协同与应用

基于 BIM 技术的施工进度管理的具体步骤如下：

第一步：明确工作的技术路线。

技术路线是工作的总纲领和指南，为项目实际操作奠定清晰的思路和技术流程，编码走弯路，在实际工作中非常重要。

第二步：建立计划进度并与 BIM 模型进行关联。

根据企业定额劳动水平，事先排好项目的总进度规划或进度计划，该计划会随着施工的推进而不断细化。将做好的进度计划导入到 Navisworks 软件平台中，与事先导入的 Revit 原始模型进行构件关联。

第三步：虚拟建造及进度检查。

模型与进度计划关联好之后，就可以利用 Navisworks 中的 Timeliner 功能进行虚拟建造过程仿真演练，项目管理人员则通过该过程对整体进度计划进行检查，尤其是关键控制点和里程碑事件是否符合预先的项目进度规划或建设目标。

第四步：获得实际进度数据信息。

利用无人机或数据采集终端，获取实际进度信息。无人机小组定期进行现场航拍工作，并利用拍摄的照片数据导入专业三维实景建模软件，目前市面上经常使用的软件有 Context Capture、Pix4D Mapper 等。此外，进度数据收集工作人员利用数据采集终端每日到各个班组进行巡视并确认当天的工作实际完成状况。两种方式结合使用可以较好地获得实际进度信息。

第五步：实际进度与计划进度对比并纠偏。

利用实际进度和计划进度的对比情况，发现偏差，对影响工期的偏差坚决采取纠偏措施，通常可以利用管理手段、经济手段、技术手段等。

第六步：将进度计划与成本和资源信息进行关联。

第七步：将协同设计信息上传至 BIM 信息管理平台。

第 5 章　基于 BIM 技术的施工质量控制实践

5.1　传统质量控制模式及其弊端

5.1.1　传统的质量控制模式

根据 GB/T 19000—2000 质量管理体系的质量术语定义，施工质量控制是在明确的质量方针指导下，通过对施工方案和资源配置的计划、实施、检查和处置，进行施工质量目标的事前控制、事中控制和事后控制的系统过程。施工质量控制的特点为：① 控制因素多；② 控制难度大；③ 过程控制要求高；④ 终检局限大。工程项目的施工质量控制应强调过程控制，边施工边检查边整改，及时做好检查记录和认证记录。如表 5.1 所示。

表 5.1　质量控制主要工作一览

控制方式	主要工作
事前控制	质量文件审核 设计交底及施工技术交底
事中控制	开工前检查 工序交接检查 隐蔽工程检查 停工后复工检查 分项，分部工程完工检查 成品保护检查
事后检查	质量验收

质量控制分为：事前质量控制、事中质量控制（关键是坚持质量标准，重点工序质量、工作质量和质量控制点的控制）和事后质量控制。以上三个环节是互相补充的系统过程，实际上是动态的过程质量控制，以达到质量管理和质量控制的持续改进。

5.1.2　质量控制工作的弊端

质量控制是三大项目管理目标之一，是项目管理工作的重中之重，其成败直接关系到项目最终的使用功能，严重的可能会造成安全事故等。我国对质量控制向来十分重视，国家相关质量监督管理部门相继出台过很多质量控制流程和验收规范。传统质量控制通过事前控制、事中控制和事后控制相结合的方式，对整个项目的施工质量进行把控。根据实际调研，每个项目管理部门都将质量和安全作为首要目标，因此，在实际工程施工中，质量控制是能够较好地完成的。但是，质量控制的工作效率仍然有很大的提升空间，具体体现在三个方面：

第一方面：技术交底是否清晰明了。

施工技术交底实为一种施工方法。在建筑施工企业中的技术交底，是指在某一单位工程开工前，或一个分项工程施工前，由相关专业技术人员向参与施工的人员进行的技术性交代，其目的是使施工人员对工程特点、技术质量要求、施工方法与措施和安全等方面有一个较详细的了解，以便于科学地组织施工，避免技术质量等事故的发生。各项技术交底记录也是工程技术档案资料中不可缺少的部分。就技术交底而言，又可以细分为三类：

（1）设计交底，即设计图纸交底。这是在建设单位主持下，由设计单位向各施工单位（土建施工单位与各专业施工单位）

进行的交底，主要交代建筑物的功能与特点、设计意图与要求和建筑物在施工过程中应注意的各个事项等。

（2）施工设计交底。施工设计交底一般由施工单位组织，在管理单位专业工程师的指导下，主要介绍施工中遇到的问题和经常性犯错误的部位，要使施工人员明白该怎么做，规范上是如何规定的等。

（3）专项方案交底、分部分项工程交底、质量（安全）技术交底、作业等。

根据实地调研，目前绝大多数的工地进行技术交底都是以传统会议的方式进行的，参与各方以 CAD 二维设计图纸为依托，进行沟通和交流。前文对此已经进行过论述，CAD 二维设计图纸本身并不直观，而且图纸本身很可能是存在一些问题的，因此在实际施工过程中才会经常出现一些难以避免的问题。例如：施工方没有很好地理解设计意图、施工中按图纸施工发现错误后迫不得已进行设计变更而严重影响工期、施工中出现因设计问题造成的返工等。如图 5.1 所示。

图 5.1　常见的技术交底形式

第二方面：质量管理的信息化水平如何。

为了保证工程施工质量，我国十分重视施工质量的过程控制，即在施工过程中，有严格的质量验收程序，尤其是对施工关键工序和施工控制点。质量验收通常按照“检验批次—分项工程—分部工程—单位工程—单项工程”的顺序进行质量验收。在整个质量控制过程中，有大量的验收表格需要分包单位、总包单位、建立单位、建设单位、材料供应商填写，这个过程会产生大量的质量控制档案信息，而这些信息能否高效无漏地进行存储、调用、查看就成为质量控制的另一个难题。根据实地调研，很多施工单位对于这类信息都是派专人进行整理和汇总，然后利用档案袋或档案盒进行封装，最后统一提交的。这种传统模式的最大弊端是：第一，在施工现场，由于项目管理人员通常工作忙碌，很少有闲暇顾及档案整理工作，因此其审核工作经常浮于形式，资料正确与否不得而知；第二，很多施工现场对于资料整理都是放在工程即将竣工的时候，为了应付备案检查而由专人进行资料补齐或编写，此举使得质量管理工作名存实亡；第三，现场资料人员离职后的交接手续非常烦琐，新接手的工作人员很难在短期内熟悉该项工作。这些问题都体现了目前在施工管理过程中，质量控制的信息化程度仍然处于较低水平的现状。

第三方面：质量控制人力成本高居不下。

现场质量控制通常是需要有经验的工程师或管理人员对问题进行判断。传统进行质量检查的时候，使用的方法有“看、摸、敲、照”等方式。对于公路、桥梁等工程而言，更多的检验方式就是到现场观看关键控制点的施工质量。在整个施工现场，技术娴熟或经验丰富的管理人员占全部施工人员的比例是较低的，如果每个质量控制点都要由这些人员去判断、去检查，其工作效率显然是非常低的，如果配备更多的经验丰富的技术或管理人员，对于企业来讲其人力成本又是非常高的，因此，如何用低成本高效率的方式解决质量检验问题也是项目需要面临的一个现实的难点。

5.2 基于 BIM 技术的施工质量控制

5.2.1 利用 VR、AR、施工动画进行技术交底

5.2.1.1 远程 VR 多人在线技术交底

该技术是事先将 BIM 模型转换为 VR 格式，然后利用多人在线技术，让参加技术交底的参与方进入工程场景，参与各方利用耳机和麦克风远程进行技术交流。该方法非常适用于公路、桥梁、隧道等工程，很多专家由于工作时间宝贵，很难到现场进行交底，可以利用该技术进行远程交流。远程 VR 多人在线技术交底示意图如图 5.2。

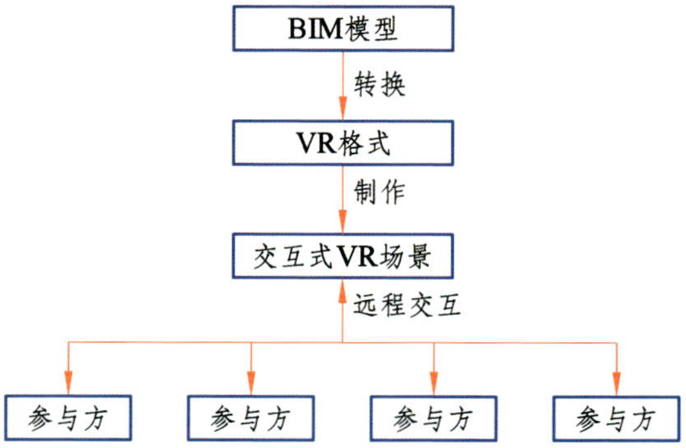

图 5.2 远程 VR 多人在线技术交底示意图

5.2.1.2 AR 三维模型技术交底

该技术是事先将协同设计完成的 BIM 模型与 CAD 二维图纸进行构件关联，利用 AR 专业制作软件将组件生成。利用 CAD

图纸为触发 AR 的关键识别码，利用移动端 APP 扫描 CAD 图便可以让三维模型呈现出来。

AR 技术交底

5.2.1.3　关键工序施工动画技术交底

将关键施工工艺动画制作成视频，然后进行技术交底。

冲孔桩施工工艺

桥梁转体施工工艺

5.2.2　手机 APP 与构件二维码技术的应用

该技术的工作流程如图 5.3 所示。箱梁构件二维码管理如图 5.4 所示。

5.2.3　质量检查与整改信息集成与跟踪

质量检查与整改信息资料可以利用手机 APP 完成（图 5.5），具体流程如下：

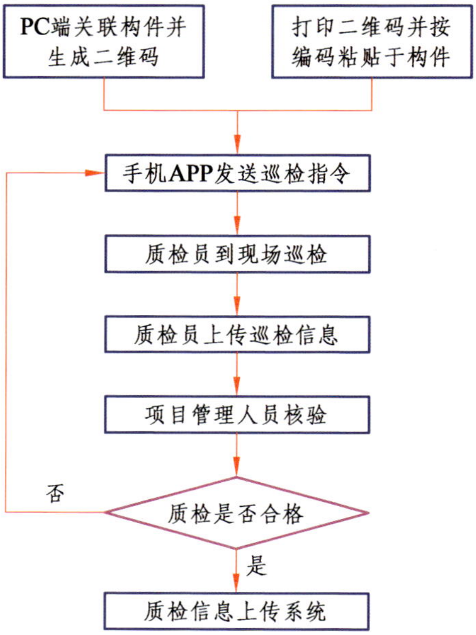

图 5.3　手机 APP 与构件二维码技术应用流程

图 5.4　箱梁构件二维码管理示意图

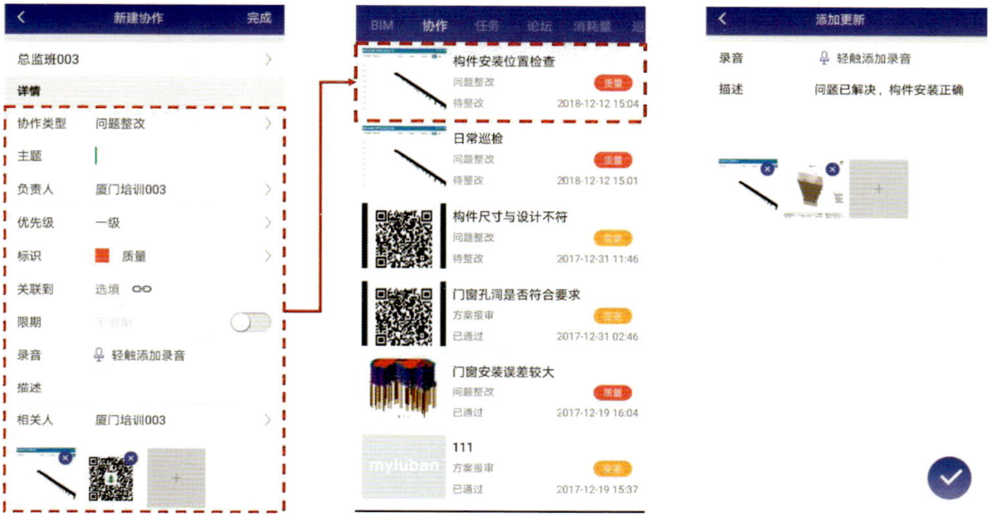

图 5.5　手机 APP 进行质量检验

第一步：手机 APP 录入质量检查与整改信息资料。通过该步骤，质检人员可以选择当前资料关联的构件，资料上传的目录，设定资料的标签以备将来调用、查看、修改，上传模式，等。

第二步：在 PC 端事先设置常用的文件类型标签，设置好之后手机 APP 端就可以对应显示这些类型标签。质检人员按照项目事先设定的标签规则，选择与即将上传的文件对应的类型标签。常用的类型标签一般包括：图纸、技术交底、施工组织设计、节点大样图、验收报告、效果图等。

第三步：选择文件种类。通常情况下，可以上传的文件种类包括：现场拍照、手机中的照片、视频以及文档（Word、Excel、PPT、PDF）。

第四步：上传文件。

利用手机 APP 进行质量信息集成跟踪如图 5.6 所示。

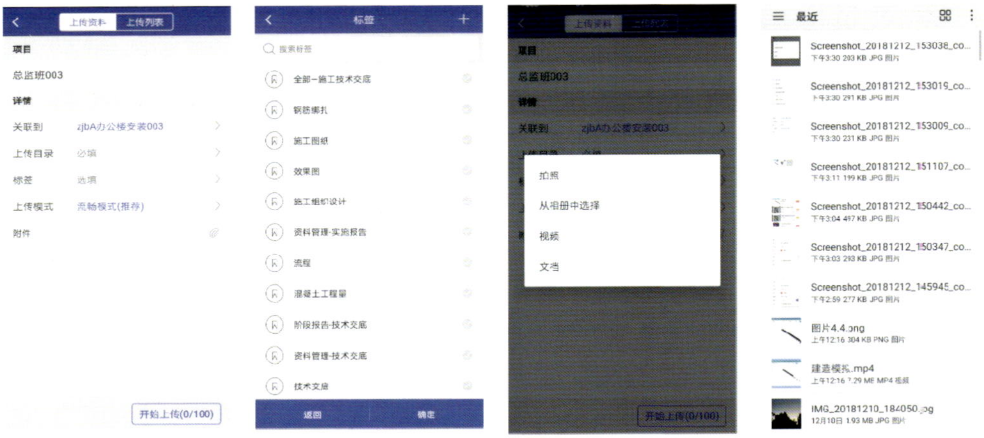

第一步　　第二步　　第三步　　第四步

图 5.6　利用手机 APP 进行质量信息集成跟踪

5.3　工作流程及实践总结

在该阶段，项目按照“BIM 技术交底—手机 APP 和二维码技术的应用—手机 APP 和 PC 端联动信息集成”的思路进行工作。项目使用软件如表 5.2 所示。

表 5.2　本项目质量控制使用软件一览

项目涉及的软件	使用用途
Stingry	VR 交互模型及场景搭建
Revit Live	VR 交互模型生成
Unity 3D	二维图纸与 BIM 模型转换及 AR 制作
项目信息管理平台	二维码生成、质量检验、信息集成

基于 BIM 技术的施工质量管理的具体步骤如下：

第一步：利用 BIM 技术进行技术交底。

通过 VR、AR 以及三维施工动画相结合的方式进行施工技术交底。

第二步：手机 APP 与构件二维码技术的应用。

项目管理平台 PC 端生成构件二维码，将二维码粘贴至构件上。质量检验人员利用手机 APP 质检功能到相应构件处进行质量检验，并按照指令规则上传照片、视频等信息，项目管理人员根据信息反馈进行核实与确认。

第三步：质量检查与整改信息集成与跟踪。

项目管理人员设定质量管理信息的上传目录、类型标签、关联构件等信息，然后将对应的照片、视频、文档上传归档即可。

第 6 章　基于 BIM 技术的施工成本控制实践

6.1　传统成本控制模式及其弊端

6.1.1　传统的成本控制模式

我国建安工程费的构成包括：人工费、材料费、施工机具使用费、管理费、利润、规费、税金。传统成本控制就是把这些构成费用在整个施工过程中进行分类汇总并寻找偏差。在整个施工过程中，成本主要包括：招标控制价、预付款、进度款、变更、索赔、价款调整以及阶段款等信息。如表 6.1 所示。

表 6.1　传统成本构成及控制过程一览

项目	招标控制价	预付款	进度款	变更、索赔及价款调整	结算款
人工费					
材料费					
施工机具使用费					
管理费					
利润					
规费					
税金					

成本管理人员利用施工过程中获得的成本数据进行一些计算，其计算方法通常有因素分析法、赢得值法等。因素分析法是将成本的数量、单价、消耗率等参数的计划数据与实际数据

进行比较，通过前后两个结果的两两比较找出对成本影响较大的因素。赢得值法利用 *BCWP*、*BCWS*、*ACWP* 三个参数，得到整个项目在检查时刻的进度偏差和成本偏差。

6.1.2　传统控制模式的弊端

传统成本控制模式体系已经比较成熟，成本管理工作人员只需要按照项目制定的成本管理流程输入数据、进行计算、得出结论即可。但是该方法最大的问题在于成本控制的过程和结果都不直观，而且没有和工程构件产生任何关联。尽管成本管理人员可以利用传统的 Excel 表格关联的公式进行相应的计算，但是计算的结果代表的是哪一个构件、哪些构件都无从得知。此外，在这种模式下，成本信息也很难和其他信息产生协同、共享和传递。

6.2　基于 BIM 技术的施工成本控制

6.2.1　项目投资 BIM 模型构件及跟踪

对于业主而言，对于成本的关注范畴远远超越建安工程费，还包括设备及工器具购置费用、工程建设其他费用、预备费以及建设期利息。因此，首先要将费用信息与 BIM 模型进行关联和分摊，并与进度管理进行协同联动管理，可以实时获得项目投资的偏差信息。项目固定资产投资构成见表 6.2。

表 6.2 固定资产投资构成一览

固定资产投资构成		计划额	实际额	完成百分比
工程费用	设备及工器具购置			
	建筑安装工程费用			
工程建设其他费用	土地费用			
	与项目相关的其他费用			
	与未来生产经营相关的费用			
预备费	基本预备费			
	价差预备费			
建设期利息	建设期利息			

6.2.2 施工过程成本控制信息集成与跟踪

施工成本管理包括招标控制价及合同价数据管理，预付款数据管理，进度款结算管理，工程变更、索赔、签证、价款调整数据管理，竣工结算数据管理，数据可视化展示，等，如图 6.1 所示。

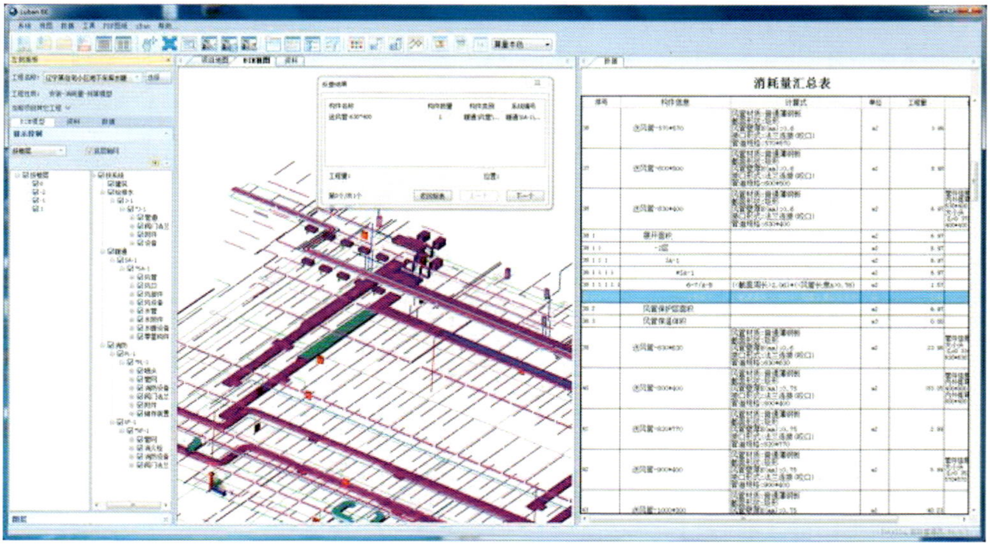

图 6.1 施工成本管理信息集成与跟踪示意图

6.2.3　进度、成本、资源信息联动处理

如前文所述，在整个项目管理过程中，进度、成本、资源三者除了可以和 BIM 模型进行关联之外，还可以和时间坐标进行关联。因此，本项目将进度计划与成本、资源进行关联，产生信息联动，这样，在进行实际进度与计划进度比较的时候，除了可以观察进度产生的偏差以及对工期的影响，还可以时时统计出单位时间内需要消耗的成本以及人工、材料、机械等资源，这样就便于项目进行更好的统筹规划。详见图 6.2。

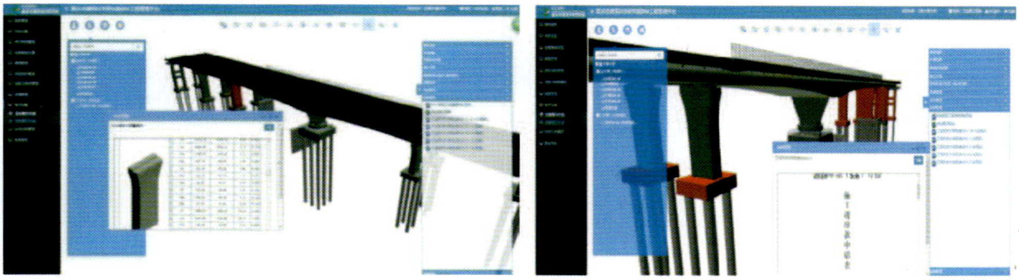

成本管理数据集成　　施工过程中工程计量管理

图 6.2　进度、成本、资源信息联动示意图

6.3　工作流程及实践总结

6.3.1　基于 BIM 技术的成本控制工作流程

在该阶段，项目按照“投资与模型构件关联—施工过程中信息集成与跟踪—进度、成本、资源信息联动”的思路进行工作。项目使用软件如表 6.3 所示。

表 6.3　本项目成本控制使用软件一览

项目涉及的软件	使用用途
Excel	成本信息收集及整理
项目信息管理平台	成本数据录入、集成及应用

基于 BIM 技术的施工成本控制的具体步骤如下：

第一步：投资与模型构件关联。

将投资估算的分项组成部分与协同设计的 BIM 模型构件进行关联，用于将来实际进度数据采集后的成本跟踪。

第二步：施工过程中信息集成与跟踪。

将招标控制价、预付款、进度款、变更、索赔、签证、价款调整、竣工结算等数据按照项目要求录入系统，结合之前关联的 BIM 模型对整个施工过程中的成本信息进行集成、跟踪和控制。

第三步：进度、成本、资源信息联动。

第 7 章　基于 BIM 技术的其他项目管理实践

7.1　基于 BIM 技术的安全管理实践

安全管理是项目管理中的重中之重，其重要性甚至超过了质量管理，很多工程实践用血和泪的教训告诉我们，工程安全重于一切。基于 BIM 技术的安全管理工作流程如下：

第一步：危险源识别。

该阶段的主要工作是找出工程施工过程中存在的危险源。常用的方法包括：问卷调查法、专家打分法、Safty Check List 法、鱼刺图法、经验数据法等。施工单位可根据自身条件，结合项目实际情况选择适合自己的方法。在识别危险源的时候，经验是非常重要的，尤其是高速公路项目涉及大量的岩土工程、遇到地质条件复杂的情况，经常出现各种危险源，因此过往案例、专家经验就显得尤为重要。

第二步：风险等级评价。

目前国际和国内常用的方法是风险评价矩阵，根据危险源发生的可能性以及其造成的后果严重性将危险源进行客观评价。具体如图 7.1 所示。

第三步：危险源与 BIM 模型构件关联。

将识别以及风险等级评价后的危险源与协同设计的 BIM 模型构件进行关联，以进行后续的协同管理。如图 7.2 所示。

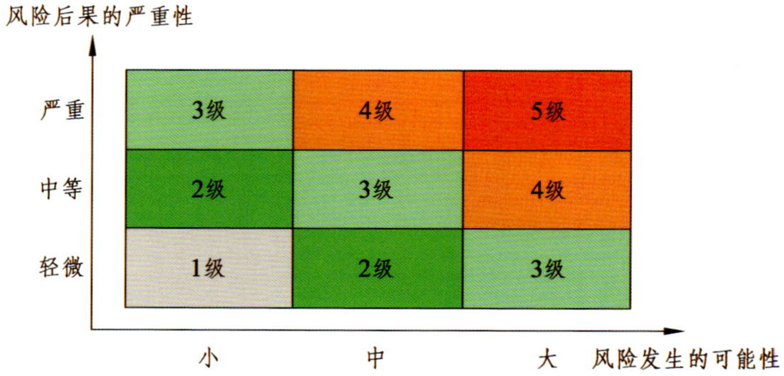

图 7.1　风险评价矩阵示意图

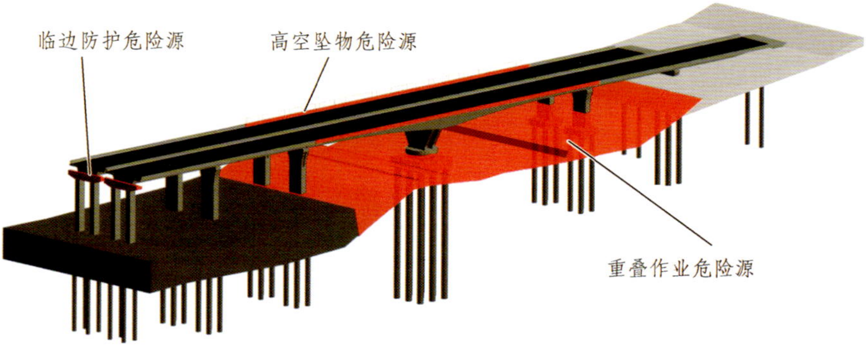

图 7.2　危险源与 BIM 模型构件关联示意图

第四步：安全管理多方协同。

施工单位、监理单位与建设单位通过手机 APP 协同管理，如图 7.3 所示。

7.2　基于 BIM 技术的环境管理实践

环境管理是现代项目管理的新要求，要求项目管理人员树立环境保护观念，降低施工过程中产生的环境污染，切实控制好水污染、大气污染、噪声污染、光污染等。基于 BIM 技术的环境管理流程如下：

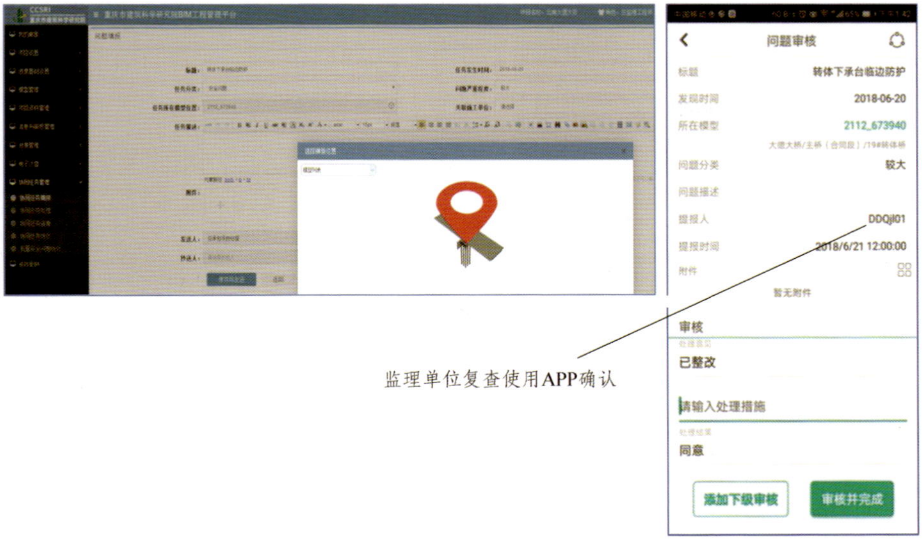

图 7.3　手机 APP 协同管理危险源示意图

第一步：现场污染源统计及环保规划。

通常情况下，项目施工过程中的主要污染源包括水污染、空气污染、噪声污染、固体废物污染等，每种类型又包括众多污染源。因此，对于施工项目管理人员而言，必须首先将项目实施过程中可能出现的污染源进行识别、统计并制作成污染源统计表，再根据不同的污染源制定针对性较强的环保规划方案。

第二步：安置污染源数据采集设备。

根据国家环保验收规范标准，在对应的污染源处放置满足规定数量要求的环保检测设备，用于数据采集。

第三步：收集污染源数据并上传系统。

将环保检测设备收集的污染源数据与环保检测系统连接，完成数据上传系统工作。

第四步：检测环保数据并做好预防。

利用 BIM 信息管理平台对环保数据进行自动统计分析以及实时检测，对有问题的污染源进行有效预防，如图 7.4 所示。

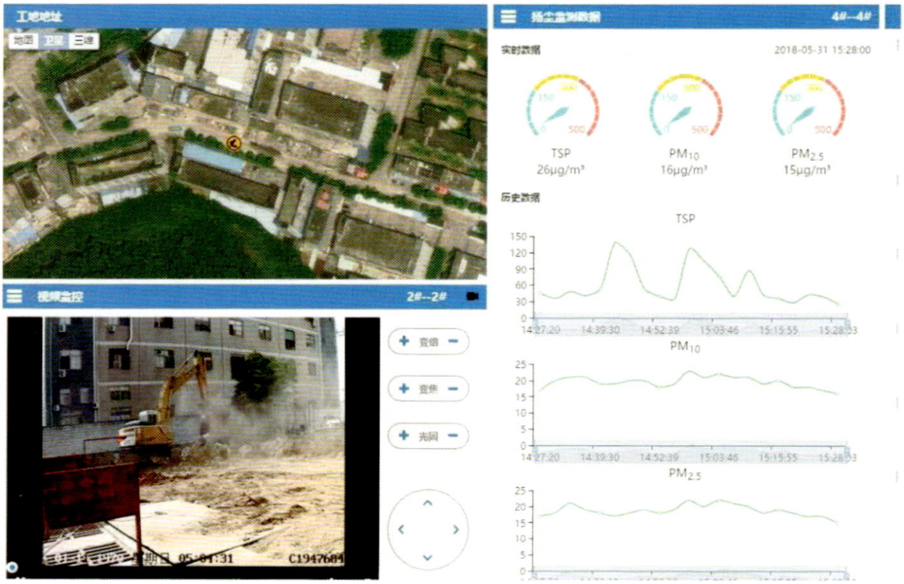

图 7.4　环保实时数据监控系统示意图

7.3　基于 BIM 技术的三维场布实践

三维场地布置（以下简称“三维场布”）是现代项目管理中文明施工的重要内容，三维场布是否合理直接决定了后期在整个施工过程中施工机械进出场是否方便、施工道路是否通行、资源调配是否合理、材料堆放是否可行、工人生活和作业是否安全、消防环保是否满足要求等重要问题。基于 BIM 技术的三维场布流程如下：

第一步：构建场地三维模型。

项目正式实施前，利用无人机航拍照片数据获取项目所在地块的等高线或高程数据，导入专业的处理软件生成项目所在地块的三维地形模型。

第二步：明确工程所在位置。

将协同设计的 BIM 模型标注或放置在上述的三维地形模型上，为后续生产区、生活区以及场内道路布置确定参照物。

第三步：明确生产区布置方案。

以工程为参照物，首先确定场地出入口、材料堆场、钢筋堆场、塔吊布置、办公用房、变电站、污水处理等位置。

第四步：明确生活区布置方案。

以工程为参照物，确定宿舍、食堂、浴室等生活用房的位置。

第五步：明确场内道路方案。

根据前述布置，确定场内道路布置方案，明确需要永久硬化的道路等。

第六步：利用 BIM 技术建立三维场布模型。

利用专业 BIM 三维场布软件将前述布置方案实现，建立三维场布模型。

第8章 基于BIM技术的可视化管理实践

8.1 可视化资料管理的技术路线

可视化资料管理的内容包括现状与使用需求调研、系统设计的总体目标与原则、系统构架、基于BIM技术的可视化资料管理系统研究四个部分。技术路线如图8.1所示。

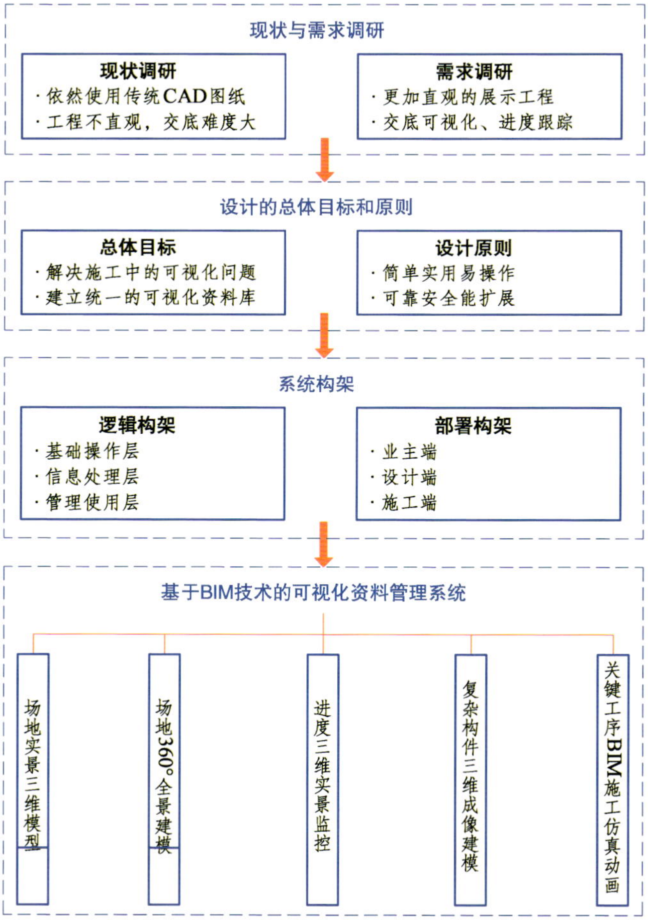

图8.1 基于BIM技术的可视化资料管理技术路线

8.2　可视化资料管理的主要内容

本专题是为了解决将可视化成果与 BIM 精细化管理进行结合而设置的，课题中涉及的可视化主要包括三维成像、BIM 模型、施工动画、VR 交互等。本项目的主要可视化资料如表 8.1 所示。

表 8.1　可视化资料主要研究内容一览

可视化过程	主要研究内容
项目场地实景三维模型	· ArcGIS 的使用以及与卫星地图的结合 · 无人机正向摄影技术 · 无人机倾斜摄影技术 · 无人机全景拍摄技术 · Context Capture 三维实景建模技术
项目场地 360° 实景建模	· 无人机正向摄影技术 · 无人机倾斜摄影技术 · 无人机全景拍摄技术 · 无人机图像云处理技术 · 无人机全景图像软件合成技术
项目进度三维实景监控	· 无人机正向摄影技术 · 无人机倾斜摄影技术 · 无人机全景拍摄技术 · 三维扫描仪实景扫描技术 · Context Capture 三维实景建模技术 · Pix4D mapper 三维实景建模技术
复杂构件扫描成像	· Context Capture 三维实景建模技术 · Pix4D mapper 三维实景建模技术 · Photoscan 三维实景建模技术 · 三维扫描仪实景扫描技术及逆向建模技术
关键工序 BIM 施工仿真动画	· 冲孔桩施工工序动画 · 支架搭设施工工序动画 · 桥梁转体施工工序动画

8.3 工作流程及实践总结

8.3.1 基于 BIM 技术的可视化资料管理流程

该阶段是将基于 BIM 技术的精细化管理成果进行梳理和分类，将可视化资料系统地呈现和存档，以备将来展示、参加比赛或出版之用。项目使用的软件及平台如表 8.2 所示。

表 8.2 本项目成本控制使用软件一览

项目涉及的软件	使用用途
3Ds Max	动画制作
Fuzor	施工动画模拟
Lumion	施工动画渲染及制作
Context Capture	三维实景建模技术
DJ Go4	360°三维实景
Pix4D mapper	三维实景建模技术
法如三维扫描仪	点云数据三维建模
项目信息管理平台	可视化资料数据集成

8.3.2 基于 BIM 技术的可视化资料管理成果展示

大德大桥项目模型漫游

项目多专业软件演示

自主研发软件展示

项目宣传片

第 9 章　BIM 项目管理信息化平台实践

9.1　BIM 项目管理信息化平台产生的背景

转体桥梁属于桥梁工程中比较特殊的一种施工方法，通常用于跨越河流、山谷、铁路等障碍。国家高速公路网昆明至楚雄高速公路岷山—广通段高速公路，连接安楚高速，长 114.916 km，双向六车道，设计速度 100 km/h，路基宽度 33.5 m，线路总投资 150.7 亿元；途经禄丰县直至昆明，昆楚高速（勤丰至和平试验段）主线起点 K60+622，位于禄丰县大德村，路线由东向西布线，主线终点 K61+395 至和平镇，路线全长 773 m。昆楚高速（勤丰至和平试验段）上跨成昆铁路立交桥工程（简称上跨成昆铁路立交桥工程）是该工程的重点控制性工程。上跨成昆铁路立交桥工程分为左右两幅，左幅桥梁全长 254 m，右幅桥梁全长 294 m，造价约 7 000 万元。本工程采用转体施工，整幅进行转体，将 T 构逆时针方向转体 66°至成桥位置，速度 0.016 ~ 0.02 rad/min，质量约 15 000 t，一次转体就位，转体作业时间约 60 min。

转体桥梁施工环境复杂、施工难度大、要求高、工期紧、协调关系多、信息量巨大，传统施工管理中亟待解决以下问题：① 传统桥梁设计与施工阶段严重脱节，全过程管理无从谈起；② 项目管理粗放化严重，缺乏精细化管理与先进技术的融合；③ 业主在整个管理过程中参与度低，缺乏应有的话语权。鉴于此，本项目拟采用基于 BIM 技术的工程管理信息化平台来实现转体桥梁工程从设计到施工再到运维的全过程信息化管理，从而实现项目精细化管理，保证项目的质量、安全、进度、成本、环保等目标的实现。

目前国内主要的 BIM 管理平台分为两类：第一类是专业软件公司制作的通用性管理平台，如鲁班、广联达、品茗等；第二类是一些咨询公司根据业主需求定制开发的平台，如设计院、软件开发公司等。鲁班是国内较早进行 BIM 数据管理平台开发的公司，目前其产品主要涉及建筑工程平台、路桥市政平台、智慧城市平台。鲁班平台利用云服务器进行底层建模数据的提取与处理，最终供应用端使用。该平台具有良好的用户体验。品茗公司在数据管理平台方面起步相对较晚，但其发展思路和模式与鲁班类似。广联达的数据管理平台主要依赖其 BIM5D 管理平台，但是该平台以单机版的形式进行推广，使得企业的数据集成难度加大。国内定制开发的平台主要是设计院和软件开发公司，设计院的平台虽然从界面上看内容涵盖丰富，但是毕竟由于专业的限制，平台更多的是站在设计方角度进行开发的。定制开发是目前很多大型项目采用的主要方式，该方式的主要优势在于：信息存储安全、功能个性化定制、界面优化简介、使用便利高效。

9.2 BIM 项目管理信息化平台的主要功能

9.2.1 平台功能规划

基于 BIM 技术的项目信息化管理平台的主要用途是为了更好地实现施工过程的精细化管理，因此良好的功能规划将决定系统的成败与否与管理效果。根据工程项目管理理论以及工程实践，本项目的信息化管理平台的主要功能包括：信息化管理、质量管控、投资管理、进度管理、安全管控几个部分。详见图 9.1。

图 9.1　基于 BIM 技术的项目信息化管理平台功能规划示意图

9.2.2　平台整体构架

平台的整体框架涵盖项目准备阶段、施工阶段和运维阶段。利用云服务器和云计算功能可实现从 BIM 模型创建到 PC 端管理平台以及移动端 APP 的管理应用，详见图 9.2。

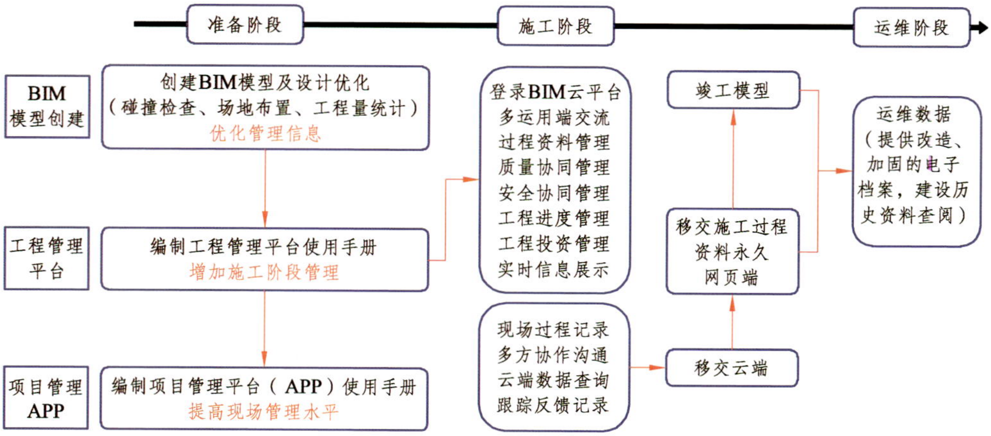

图 9.2　基于 BIM 技术的项目信息化管理平台整体框架示意图

9.2.3 平台信息管理功能模块

根据管理需要及档案归档要求，建立在线档案库，实现资料的在线归档及分类查阅；在通过模型沙盘快速拾取各部位（构件）的质量、安全、投资、进度、信息及相关施工方案、施工图、会议纪要、监理通知外，可督促项目资料的同步编制，随时检查档案完整性，确保项目竣工验收阶段快速完成档案验收并归档移交，提升项目档案管理水平。详见图 9.3。

9.2.4 平台进度管理功能模块

通过计划进度的导入，自动生成项目计划进度预演，进一步细分年、月、日施工任务量，辅助制定项目用地计划、拆迁计划、材料采购计划、试验检测计划、资金使用计划等；随着实际进度的填报，自动生成项目形象进度及项目进度偏差展示；对于关键线路延期自动预警，项目管理人员实时掌握项目进度情况并对偏差做出及时调整，确保项目进度的整体可控，详见图 9.4。同时，进度管理还可以完成施工进度仿真，详见图 9.5。

在实际工作中，项目的平台还可以用于计划进度与实际进度的比对。通过工程管理平台电子沙盘模块，与无人机现场巡视结合，使工程形象进度更加直观、丰富。对右幅 18#墩桩基进度差异进行比较后，BIM 模型有直观的展示，施工方立即增加设备确保 18#墩侧边坡围护结构的形成，方便后续承台的施工，详见图 9.6。

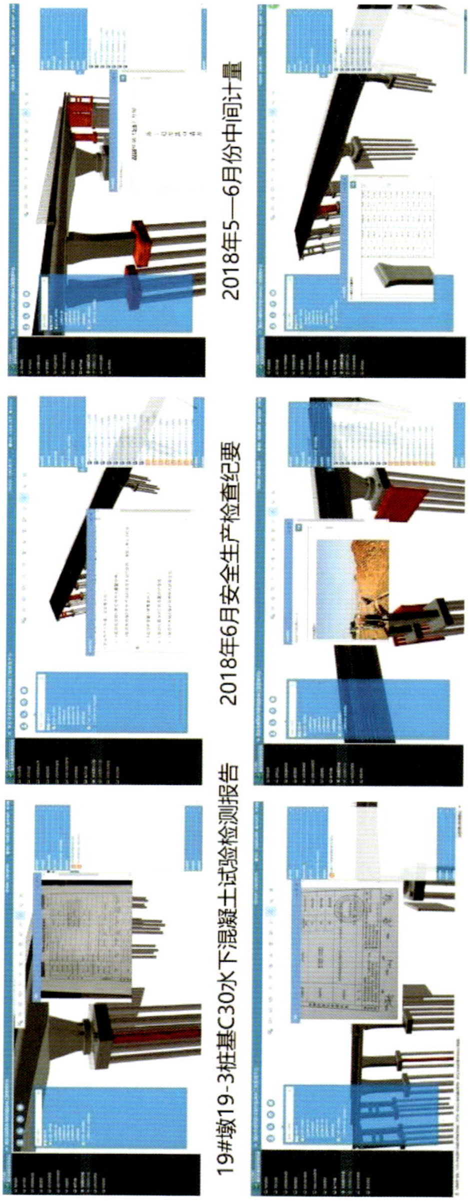

19#墩19-3桩基C30水下混凝土试验检测报告

2018年6月安全生产检查纪要

2018年5—6月份中间计量

左幅17#墩桩基HRB400 32钢筋试验检测报告

围护桩安全检查

右幅18#墩柱工程量复核

图 9.3　基于 BIM 技术的项目信息化管理平台信息管理功能模块示意图

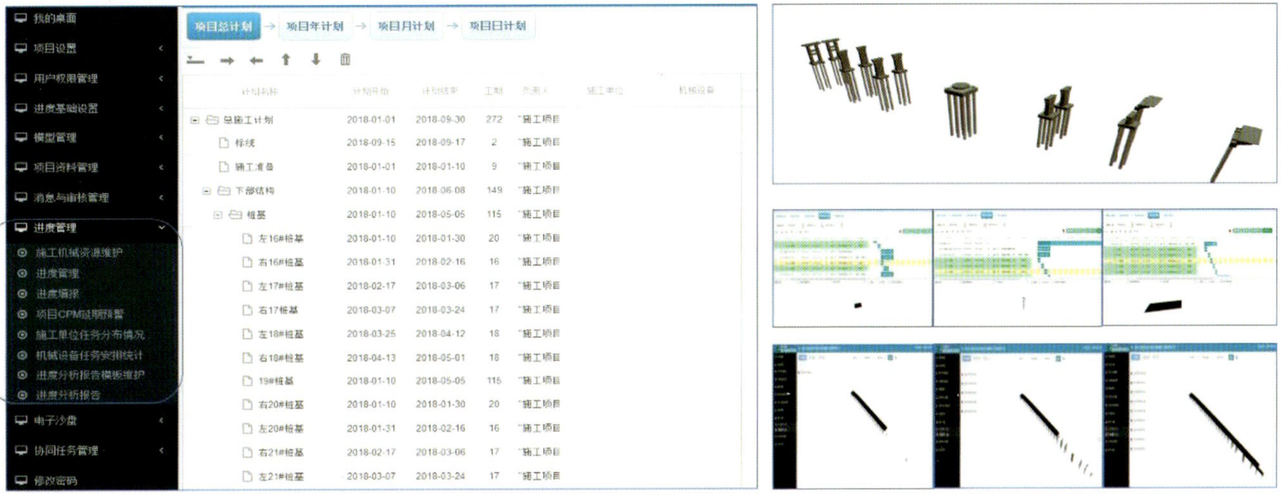

图 9.4　基于 BIM 技术的项目信息化管理平台进度管理功能模块示意图

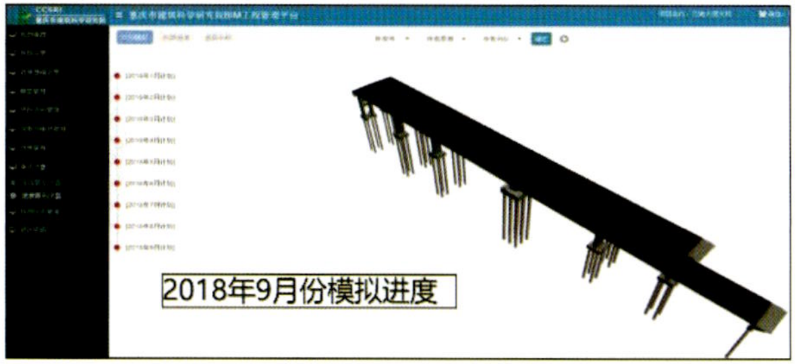

图 9.5　基于 BIM 技术的项目信息化管理平台施工进度仿真模块示意图

2018年4月26日上跨成昆铁路立交桥工程形象进度

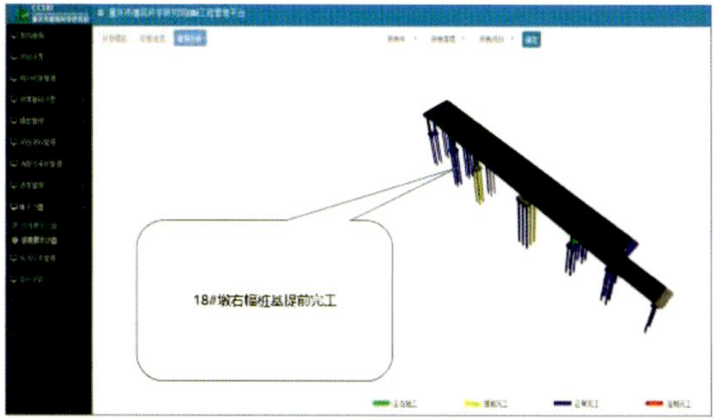

进度差异分析

图 9.6　基于 BIM 技术的项目信息化管理平台进度差异分析示意图

9.2.5　平台协同管理功能模块

该模块实现了对施工方案报审、现场施工报验、中间计量申请、质量安全协同处理、专题报告审批等多方协作事项，实现了在线任务填报、参建管理人员在线审批，提高了沟通效率，加快了任务处理速度；通过任务流程的在线查询，实时掌握任务审批进展，实现了各项协同任务的在线发起与逐项处理解决，提升整体管理水平。本项目的平台协同管理主要应用点包括：任务协同、方案审批协同、质量整改协同、安全问题协同。如图 9.7 所示。

项目平台利用 PC 端和手机 APP 端实现信息联动管理，对质量整改问题实现协同，如图 9.8 和图 9.9 所示。

9.3　BIM 项目管理信息化平台的实践效果

9.3.1　平台应用点小结

本项目基于BIM技术的项目信息化管理平台对桥梁工程进行管理，主要应用点如下：

（1）信息管理（建立在线档案库，实现资料的在线归档及分类查阅；通过模型沙盘快速拾取各部位/构件的质量、安全、投资、进度信息及相关施工方案、会议纪要、监理通知等，并督促项目资料同步编制与完整性的检查，确保项目竣工时快速完成档案验收并归档移交，提升项目档案管理水平）。

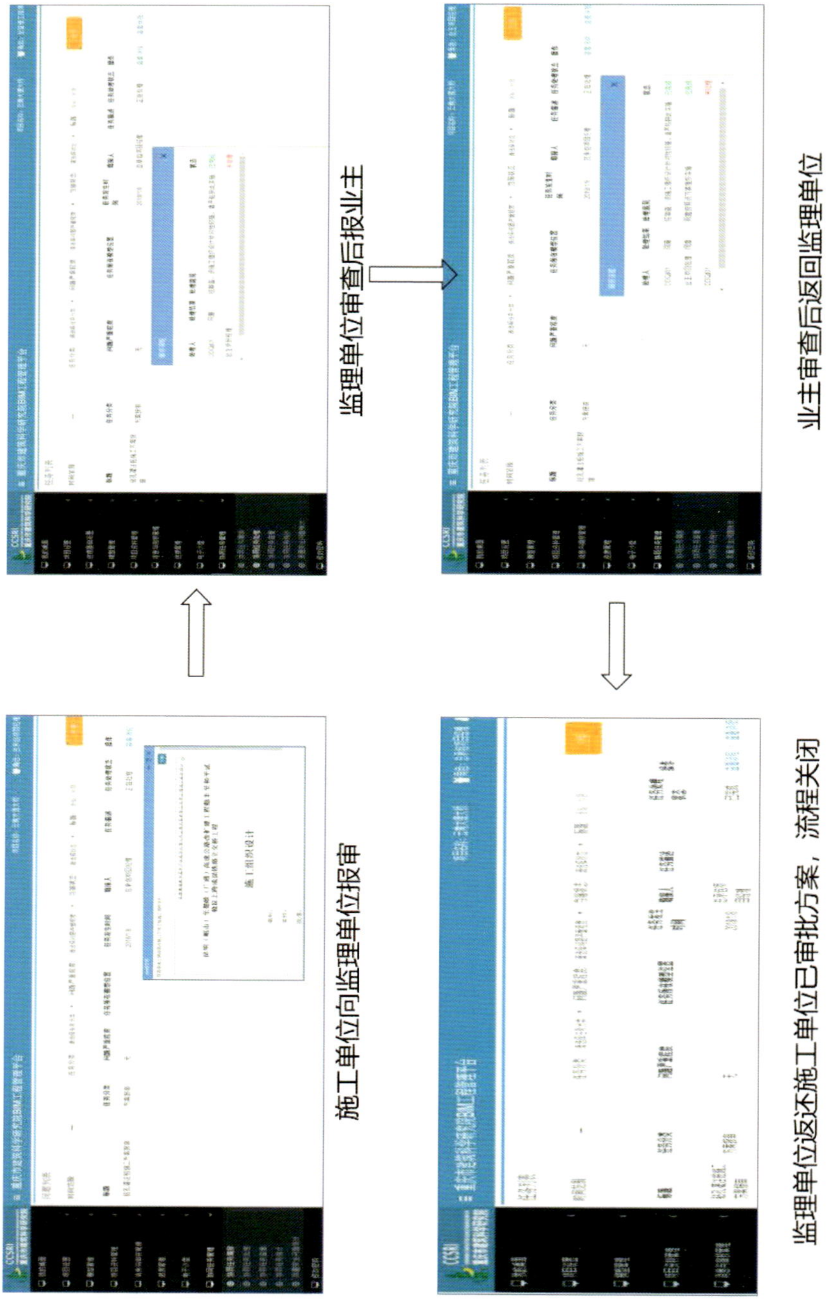

图 9.7 基于 BIM 技术的项目信息化管理平台任务协同管理示意图

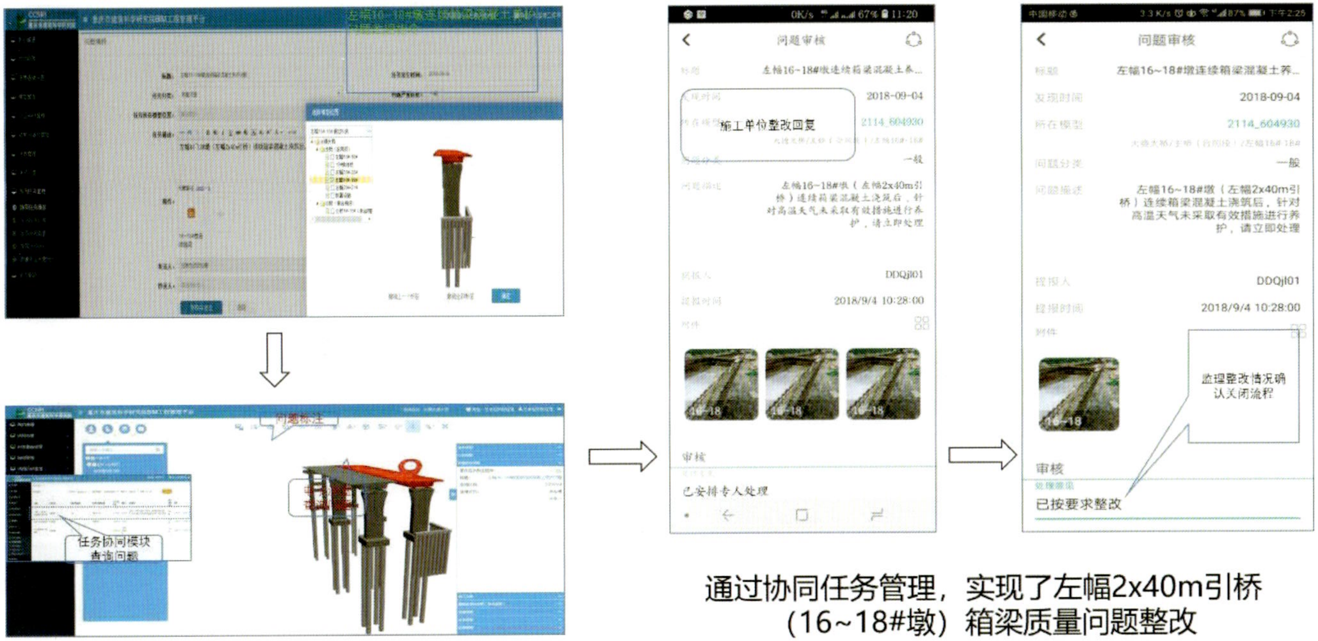

图 9.8　基于 BIM 技术的项目信息化管理平台质量整改协同管理示意图

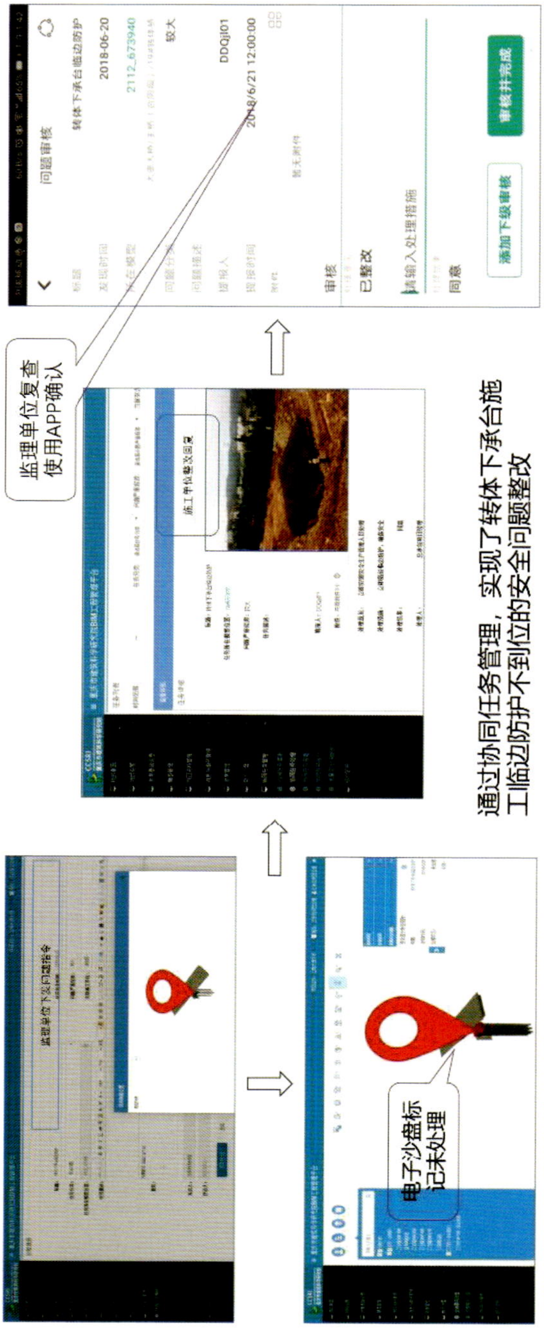

图 9.9　基于 BIM 技术的项目信息化管理平台安全问题协同管理示意图

（2）进度管理（通过计划进度的导入，模拟建造过程，辅助制定项目用地计划、拆迁计划、材料采购计划、试验检测计划、资金使用计划等；实际施工进度的填报，自动生成项目形象进度及偏差展示；对于关键线路延期自动预警，实时掌握项目进度情况并对偏差做出及时调整，确保整体进度满足要求）。

（3）投资管理（收方记录、工程变更与中间计量资料的实时关联与在线查阅，形成竣工工程量）。

（4）协同任务管理（对施工方案报审、现场施工报验、中间计量申请、质量安全协同处理、专题报告审批等多方协作事项，实现了在线任务填报与审批，提高了沟通效率，加快了处理速度；通过任务流程的在线查询，实时掌握审批进展，实现了各协同任务的在线发起与逐项处理解决，提升整体管理水平）。

9.3.2　应用效果分析

（1）通过可视化管理平台，实现了项目管理信息在线归档与实时查阅、项目进度模拟与形象进度展示及偏差分析、协同任务的在线处理，提高了整个项目整体管理水平，节约了大量成本，达到了信息化工程管理目标。

（2）前置管控理念，成功植入设计师、工程师理念，在项目前期规避了大量的返工风险，防范了重大安全、质量事故的发生，提高了转体结构桥的工程质量，成果斐然，优化主墩及 20 ~ 22#墩（台）支架现浇施工工艺节省施工时间，目前已为工程节约改造成本 48 万元，为实现优质工程打下坚实基础。

（3）工程技术交底，成功应用 BIM 模型、三维深化图和施工动画技术交底，对重大施工方案进行论证及优化，同时快速提高各参建单位人员的整体技术水平。

（4）培养了大量 BIM 人才、积累 BIM 应用经验，通过本工程 BIM 建模及项目管理平台应用，再加上 BIM 技术人员的实践应用，大大提高了 BIM 整体技术和信息化服务水平。

第 10 章　BIM 发展方向及前沿技术展望

10.1　BIM+GIS 技术

BIM 与 GIS 两种技术的融合时代已经来临，两种技术虽然都是对信息的利用、加工、处理、集成，但是又有很多区别。总体来讲，BIM 技术关注的是微观世界，即工程本身的信息处理工作。而 GIS（地理信息系统）则关注宏观层面问题。就目前 BIM 本身的技术特点来看，具备以下三个缺陷：

第一，BIM 技术更多的是侧重建设工程全生命周期的信息管理，缺乏与周边宏观地理环境之间的联系。

第二，众多 BIM 软件供应商之间的保护壁垒，使得软件生成的数据格式众多且模型数据的跨平台融合性较差。

第三，BIM 更加注重设计、施工等过程，但是对于施工完成后，BIM 在运维阶段如何发挥作用缺乏系统的思考。

而 GIS 对于宏观地理环境信息的处理具有得天独厚的优势，图 10.1 中左图是单纯的 BIM 模型，右图是融入了 GIS 的 BIM 模型。

GIS 平台的另外一个优势是能够较好地融合各个 BIM 平台的数据格式。目前市面上常用的 BIM 软件，如 Revit、Bentley、Dassault、PKPM、盈建科、Civil 3D 等均可以完美的导入 GIS 平台并保证数据的完整性，如图 10.2 所示。

2018 年 10 月，国际 BIM 软件业巨头 Autodesk 与 GIS 巨头 ArcGIS 签署了战略合作协议，联手进军 BIM+GIS 行业。同时，我国的超图软件公司与法国 Dassault System 也于 10 月签署了战略合作协议，准备竞争该行业。目前随着科技的进步，GIS 系统日趋完善，越来越多的 BIM 项目在后期运维以及轻量化展示的时候，也越来越依赖 GIS 平台。图 10.3 显示了 GIS 平台已经具备了 BIM 软件的一些功能。

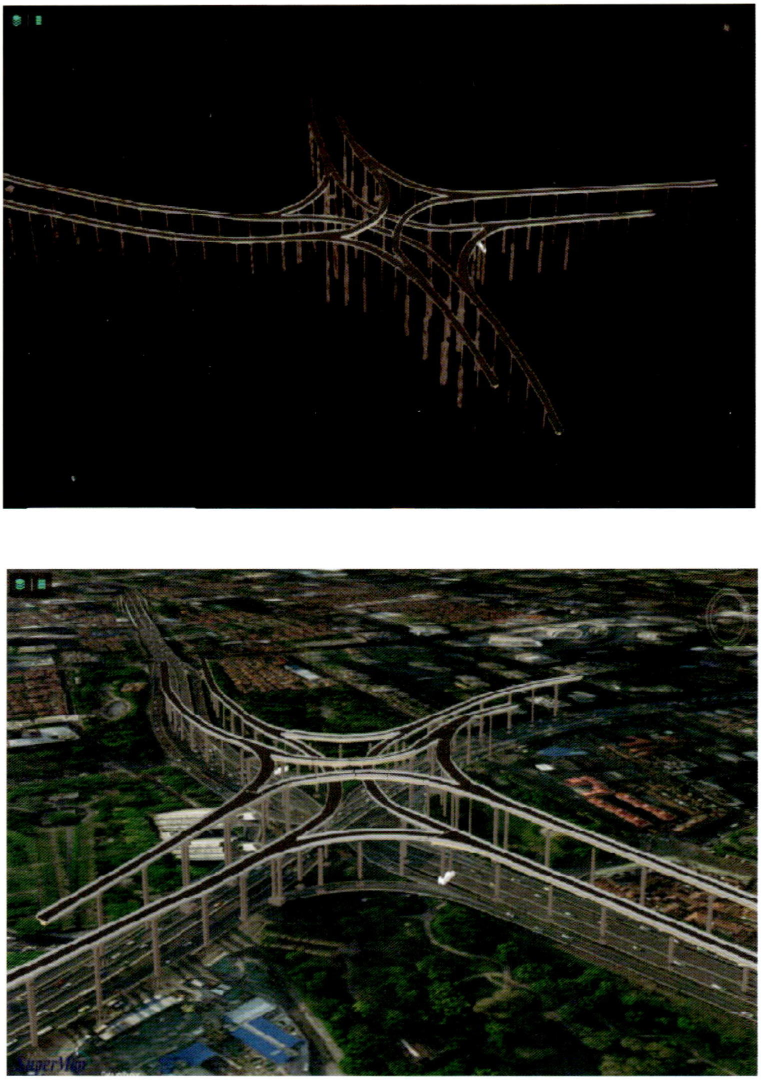

图 10.1　BIM 模型与融入了 GIS 后的 BIM 模型之间的对比

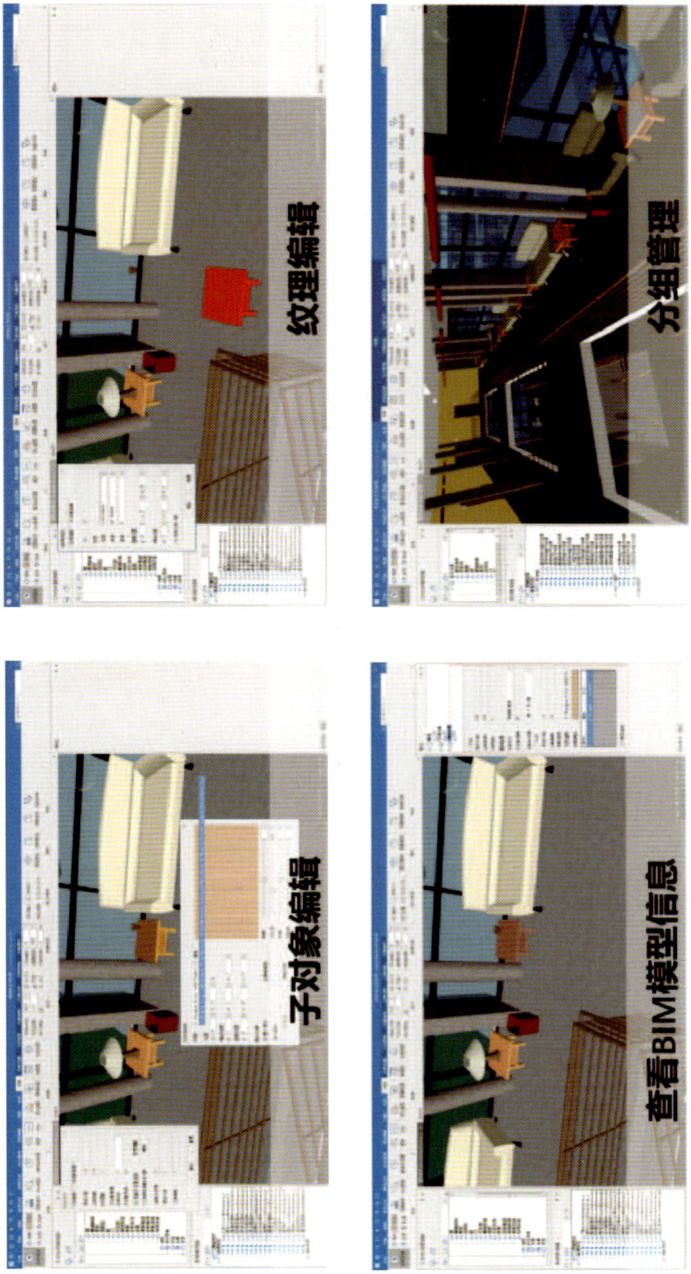
纹理编辑
分组管理
子对象编辑
查看BIM模型信息

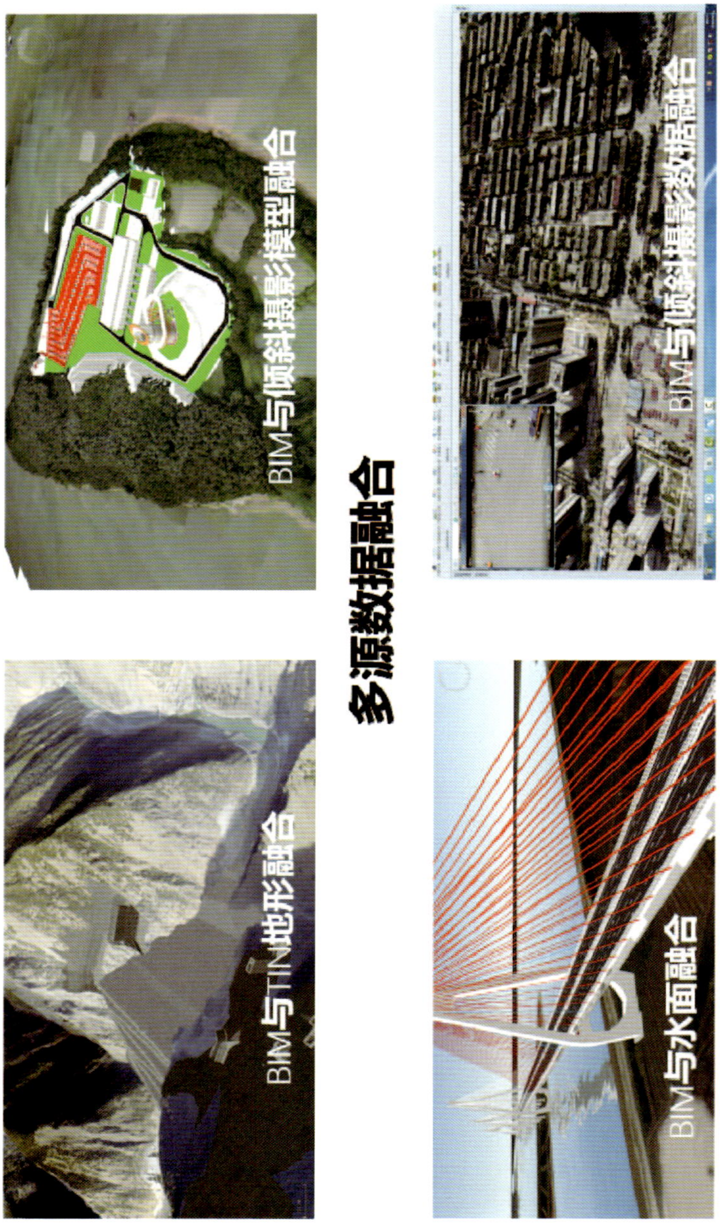

10.3 GIS 平台中加载的 BIM 模型

10.2 智慧工地技术

工程施工现场属于环境复杂、人员复杂的区域，存在施工地点分散、施工安全管理难、人员管理难、安全问题易发、调查取证困难等特点。传统的工程现场管理模式已完全不符合可持续发展的市场需要。施工企业和监管部门迫切需要利用科技手段来促进施工现场管理的创新，构建一个智能、高效、绿色的“智慧工地”。“智慧工地”利用物联网、云计算等技术构建智能远程工地监管体系，彻底改变传统建筑施工现场参建各方现场管理的工作方式和管理模式，为监管部门、建筑企业等提供实时高效的工地现场管理方案。智慧工地的整体实施思路如图 10.4 所示。

10.3 网页端 BIM 技术

传统 BIM 技术依然是以软件和平台为载体，在进行项目沟通以及后续使用的时候，如果使用者没有软件或者平台账号就无法使用 BIM 模型，这会造成沟通和使用的不便。因此 Autodesk 公司在 2016 年推出了下一代 BIM 技术——Forge，即网页端 BIM 技术。我国的广联达公司也于 2017 年推出了同类产品——BIM FACE。两种产品的思路类似，均是在云服务器上利用计算机语言部署模型处理功能算法，在网页前端设置功能模块，利用计算机编程语言让功能模块与做好的 BIM 模型产生关联。这样使用和沟通就不再依赖于任何软件与平台，所有的工作均提前利用计算机语言进行编程设置好，使用者在网页端可以进行模型的标注、修改、查看以及更多的功能。

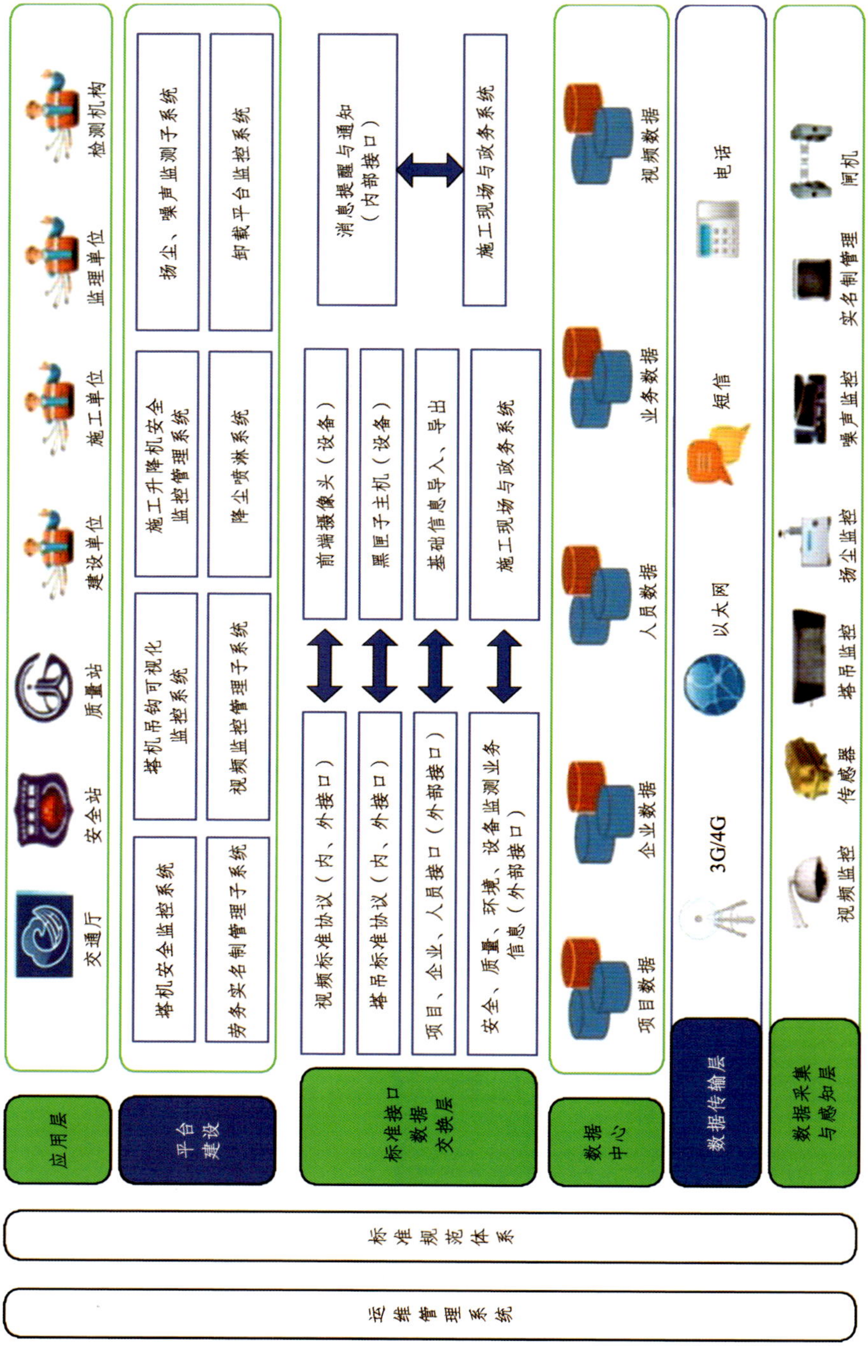

图 10.4　智慧工地整体实施框架思路

目前 Autodesk 的 Forge 以及广联达的 BIM FACE 的主要功能包括：模型浏览、文件管理、三维实景模型查看、自动化设计等。用户可以根据自身需求选择功能生成特定的 API，上传到云端后进行程序调用。由于一些原因，目前美国的 Autodesk 并未在中国部署服务器，也不允许用户部署私有云服务器，因此用户只能将模型上传至国外的服务器使用，在模型转换与调用过程中，等待的时间就会比较长。而广联达的 BIM FACE 属于国内的产品，允许用户上传公有云服务器，也可以部署在私有云服务器上，使用起来更加方便。

参考文献

[1] 王均利. 曲线箱梁桥的病害分析及设计对策[J]. 中外公路，2005（4）：102-105.

[2] 段瑞芳，李彩霞，等. 浅谈装配式梁桥上部结构预制工艺及各工艺特点[J]. 路桥科技，2016（15）：228.

[3] 姜旭东.预应力混凝土曲线箱梁桥设计研究及工程应用[D]. 杭州：浙江大学，2008.

[4] 杨士金，龚仁明. 大曲率小箱梁桥型研究[J]. 重庆交通学院学报，2000（1）：6-10.

[5] 于忠涛. 斜弯坡组合型板桥设计关键技术研究[J]. 中外公路，2011（3）：142-146.

[6] 李全. 云南山区高架、弯、坡、斜桥受力特点及影响探讨与分析[J]. 价值工程，2012（26）：120-123.

[7] 赵明华，尹平保，等. 高陡斜坡上桥梁桩基受力特性及影响因素分析[J]. 中南大学学报（自然科学版），2012（7）：2733-2739.

[8] 周正茂，袁桂芳，等. 预制装配式板梁桥的模型修正方法[J]. 西南交通大学学报，2015（4）：623-629.

[9] 魏明光，李国平. 预制装配式空心板梁桥横向连接方式的比较[J]. 结构工程师，2012（5）：25-30.

[10] 梁建锋，王新泉，等.预制 T 梁钢筋笼定型模架施工技术[J]. 结构设计与施工技术，2016（9）：70-71；79.

[11] 魏亚雄，方志. 预制装配式活性粉末混凝土箱梁桥的结构性能[J]. 公路工程，2016（5）：11-16；27.

[12] LEE Y T. An Overview of Information Modeling for

Manufacturing Systems Integration[R]. Gaithersburg: National Institute of Standards and Technology, 1999.

[13] National Institute of Building Sciences. National Building Information Modeling Standard[S]. 2007.

[14] EASTMAN C, FISHER D, LAFUE G, et al. An Outline of the Building Description System[R]. Pittsburgh: Institute of Physical Planning, Carnegie-Mellon University, 1974.

[15] van NEDERVEEN G A, TOLMAN F P. Modelling multiple views on buildings[J]. Automation in Construction, 1992, 1(3): 215-224.

[16] LEE Y T. Information Modeling: From Design to Implementation [R]. Gaithersburg: National Institute of Standards and Technology, 1999.

[17] Building Information Modeling[R]. San Rafael, CA: Autodesk Inc., 2003.

[18] 王珺. BIM 理念及 BIM 软件在建设项目中的应用研究[D]. 成都：西南交通大学，2011.

[19] 何关培. BIM 和 BIM 相关软件[J]. 土木建筑工程信息技术，2010（4）：110-117.

[20] 张建平，李丁，林佳瑞，等. BIM 在工程施工中的应用[J]. 施工技术，2012（16）：10-17.

[21] 赵华英，叶红华，陈陟，等. 保利大厦基坑 5D 监测中的新兴呈现（Emerging）技术[J]. 土木建筑工程信息技术，2014（4）：36-41.

[22] JEONG Y S, EASTMAN C M, SACKS R, et al. Benchmark tests for BIM data exchanges of precast concrete[J]. Automation in Construction, 2009, 18(4): 469.

[23] ELGHAMRAWY T, BOUKAMP F. Managing construction

information using RFID-based semantic contexts[J]. Automation in Construction，2010，19(8)：1056-1066.

[24] 田云峰，祝连波. 基于三维激光扫描和BIM模型在桥梁施工阶段质量管理中的研究[J]. 建筑设计管理，2014（8）：87-90.

[25] 汪再军. BIM 技术在建筑运维管理中的应用[J]. 建筑经济，2013（9）：94-97.

[26] TEICHOLZ P M, FOUNDATION I. BIM for facility managers[M]. Hoboken, New Jersey: Wiley, 2013.

[27] 洪磊. BIM 技术在桥梁工程中的应用研究[D]. 成都：西南交通大学，2012.

[28] 黄俊炫，张磊，叶艺. 基于 CATIA 的大型桥梁三维建模方法[J]. 土木建筑工程信息技术，2012（4）：51-55.

[29] 张磊. 三维技术在拱桥方案设计中的应用实例[J]. 土木建筑工程信息技术，2013（4）：86-92.

[30] 胡振中，路新瀛，张建平. 基于建筑信息模型的桥梁工程全寿命期管理应用框架[J]. 公路交通科技，2010（S1）：20-24.

[31] 潘佳怡，赵源煜. 中国建筑业 BIM 发展的阻碍因素分析[J]. 工程管理学报，2012（1）：6-11.

[32] 韩依璇，张宇峰，赵亮，等. 国外桥梁长期性能研究最新进展介绍及思考[J]. 中外公路，2015，35（4）：217-221.

[33] 邵旭东，彭建新，晏班夫. 桥梁全寿命设计方法框架性研究[J]. 公路，2006（1）：44-48.

[34] 马军海，陈艾荣，贺军. 桥梁全寿命设计总体框架研究[J]. 同济大学学报，2007，35（8）：1003-1007.

[35] 邵旭东，彭建新，晏班夫. 基于桥梁全寿命总成本优化的设计研究综述[C]//中国土木工程学会桥梁及结构工程分

会. 全国桥梁学术会议文集. 北京：人民交通出版社，2006：222-229.

[36] 曹明兰，黄侨，任远. 混凝土桥面维修决策中的全寿命成本分析法[J]. 哈尔滨工业大学学报，2007，39（10）：1621-1624.

[37] 叶文亚，李国平，范立础. 桥梁全寿命成本初步分析[J]. 公路，2006（6）：101-104.

[38] 孟会林. 钢桥全寿命周期成本分析及维护策略优化研究[D]. 天津：天津大学，2009.

[39] 王中文. 大型桥梁成本控制与全寿命周期成本分析[J]. 桥梁建设，2010（2）：25-28.

[40] 赵红月. 基于全寿命周期的路面养护费用控制技术研究[D]. 西安：长安大学，2012.

[41] 于兴环. 悬索桥全寿命周期成本预测与分析[J]. 公路交通科技，2013，30（9）：101-107.

[42] 乔建刚，侯会学. 基于全寿命周期成本的桥梁改造方案优选的研究[J]. 中外公路，2014，34（5）：93-95.

[43] 郑力. 基于全寿命思想的桥梁设计研究[J]. 北方交通，2015（2）：37-40.

[44] 闫禹. 大型跨海交通基建工程实现工程化装配化生产的管理模式研究[D]. 广州：华南理工大学，2015.

[45] 文艳芳，陈敬配，杨宇沬. 基于 BIM 的跨包茂高速大桥精益化项目管理应用研究[J]. 公路，2020，65（10）.

[46] 张宝，董贺辉，许儒. 公路跨铁路桥梁转体施工技术研究[J]. 居业，2020（9）.

[47] 许皓，许传敏，高昇. 基于大跨度预应力连续刚构桥转体施工平衡称重技术的研究与分析[J]. 江苏科技信息，2020，37（22）.

[48] 张宏志. 上跨高速铁路桥梁工程转体施工技术[J]. 工程建设与设计，2020（15）.

[49] 单超. 公路跨铁路桥梁转体施工设计的思考与实践[J]. 交通世界，2020（21）.

[50] 赵晓博. 桥梁转体施工中梁端间距的影响因素及控制分析[J]. 交通世界，2020（14）.

[51] 韦楼. 桥梁转体施工在交叉桥梁中的应用研究[J]. 西部交通科技，2018（2）.

[52] 袁可. 桥梁转体施工关键控制点分析[J]. 建筑技术开发，2016，43（6）.